Winfried Wolf
In den letzten Zügen

Winfried Wolf ist Verkehrswissenschaftler, Autor, Journalist und Sprecher der Initiative »Bürgerbahn statt Börsenbahn« (BsB), eines Zusammenschlusses von Verkehrsexperten, die sich gegen die Privatisierung und den geplanten Börsengang der Deutschen Bahn AG aussprechen.

AttacBasisTexte 22

Winfried Wolf
In den letzten Zügen
Bürgerbahn statt Börsenwahn

VSA-Verlag Hamburg

www.vsa-verlag.de

Bündnis »Bahn für Alle«: **www.bahn-fuer-alle.de**

Kooperationspartner:

Attac: **www.attac.de**

Bahn von unten: **www.bahnvonunten.de**

BUND: **www.bund.net**

Bürgerbahn statt Börsenbahn: **www.buergerbahn-statt-boersenbahn.de**

Naturfreunde Deutschlands: **www.naturfreunde.de**

Robin Wood: **www.robinwood.de**

Umkehr e.V.: **www.umkehr.de**

© VSA-Verlag 2006, St. Georgs Kirchhof 6, 20099 Hamburg
Titelabbildung: Friederike Groß
Alle Rechte vorbehalten
Druck- und Buchbindearbeiten: Fuldaer Verlagsanstalt
ISBN 10: 3-89965-198-7
ISBN 13: 978-3-89965-198-0

Inhalt

Vorwort von Sabine Leidig 6

**1. Visionen und Zukunftsfähigkeit,
Bahnträume und Autowahn** 7

2. Die Neue Welt und das »alte Europa« 11

**3. Raus aus den Kartoffeln, rein in die Kartoffeln.
Oder: Bilanz der Bahnreform** 18

Privat – öffentlich oder: Teilerfolge
im Nah- und Regionalverkehr 20
Warum eine negative Bilanz 1994-2006? 22

**4. Es gibt keinen Beschluss für eine Bahnprivatisierung.
Oder: Es geht immer noch um das »Ob«** 29

Verdrängte Diskussion über die Bahnreform 1993/94 32

5. Die Bahnprivatisierung als geschichtliche Zäsur 36

**6. The good, the bad and the ugly
Oder: Falsches Spiel mit drei Modellen** 51

1. Privatisierung des integrierten Unternehmens 52
2. Trennung von Netz und Transport 53
3. Das Eigentumsmodell 56

7. Die USA als Blaupause für den EU-Verkehr 60

Schienengüterverkehr im Interesse der Konzerne 63

**8. Globalisierung, ölbasierter Kapitalismus
und Autogesellschaft** 67

**9. Die Deutsche Bahn ist nicht die Alternative.
Oder: Vorbild Schweiz** 73

Quellen und Literaturhinweise 86

Vorwort

Dass der »Börsengang der Bahn«, oder zumindest die völlige oder teilweise Privatisierung der Deutschen Bahn AG, von langer Hand geplant und vorbereitet wurde und wird, ist inzwischen ein offenes Geheimnis. Bevor aber dieses gewaltige Stück gesellschaftliche Infrastruktur den »Heuschrecken« überlassen wird, muss das Parlament beschließen, dass der Bund seine Anteile verkauft. Mit der Kampagne »Bahn für alle« werden diesem Vorhaben Steine in den Weg gelegt. Attac, BUND, Robin Wood, Naturfreunde, Bahn von unten, Bürgerbahn statt Börsenwahn und Umkehr e.V. haben die Initiative ergriffen und stellen sich quer.

Einige Aktive begleiten den Umbau zur Deutschen Bahn AG seit Jahren kritisch und fachkompetent. Jetzt geht es darum, eine breite Öffentlichkeit zu erreichen und viele vor Ort zu kleinen und großen Aktionen zu motivieren. Wenn die Bundestagsabgeordneten entscheiden, sollen sie wissen: Wir akzeptieren keine der Varianten, die den Verkauf der Bahn ganz oder teilweise in unterschiedlichen Formen vorsehen. Wir setzen auf die wirkliche Alternative, die den Weg öffnet für die bürgernahe und umweltfreundliche Ausgestaltung von Transport und Mobilität: »Stoppt den Ausverkauf der Bahn! Die Bahn ist öffentliches Gut.«

Warum wir dafür auf die Straße gehen und Druck machen, wird im Folgenden von Winfried Wolf facettenreich dargestellt. Aber dieser AttacBasisText ist nicht nur »Das Buch zur Kampagne«. Der Autor beleuchtet anschaulich die Geschichte der Eisenbahn, erhellt die Hintergründe undurchsichtiger Strukturen, bietet verständliches Expertenwissen und Argumente.

Dass dieser BasisText darüber hinaus spannend und unterhaltsam geschrieben ist, macht ihn zu einem Lesegenuss, an dem nicht nur verhinderte Lokomotivführer und Modelleisenbahnliebhaber Spaß haben werden, sondern der die Lust am Erkenntnisgewinn auch bei Leuten wie mir weckt, die sich für das »System Bahn« bisher nicht erwärmen konnten.

Sabine Leidig, Geschäftsführerin von Attac, Frankfurt a.M.

1. Visionen und Zukunftsfähigkeit, Bahnträume und Autowahn

Es ist ein und derselbe Zug, dieselbe Kraft, die Große und Kleine, Reiche und Arme, befördert. Daher werden die Eisenbahnen im Allgemeinen als ein unermüdlicher Lehrmeister der Gleichheit und Brüderlichkeit wirken.

Charles Pecquer (Frühsozialist), 1829

Die Hoffnungen, die viele utopische Sozialisten mit den Eisenbahnen verbanden und die Eisenbahnpioniere wie Friedrich List durch ihre Schriften befördert hatten, haben sich nur teilweise erfüllt. Die Eisenbahnen halfen, regionale Beschränktheit zu überwinden und nationale Märkte herzustellen. Eisenbahnen konnten Mobilität verallgemeinern und diese damit teilweise demokratisieren.

Mit den Eisenbahnen kam es zu einer Blüte von Reisekultur, mit ihnen wurde Völkerverständigung ermöglicht. Und unfreiwillig verhalf die Deutsche Reichsbahn einem gewissen Wladimir I. Lenin, eine neue Epoche einzuleiten. Der Revolutionär bestand im Übrigen darauf, der Reichsbahn den korrekten Fahrpreis 2. Klasse zu bezahlen.

Eisenbahnen standen für Effizienz, Pünktlichkeit und Zukunftsorientierung – was sich auch in der Sprache niederschlug. Noch heute gilt: Ein gutes Geschäft befindet sich »auf dem richtigen Gleis«, Termingenauigkeit heißt »pünktlich wie die Eisenbahn«, im Trend liegt, wer den »Zug der Zeit« kennt, und aus dem Geschäft ist der, der »auf der Strecke bleibt«.

Doch Eisenbahnen wurden auch zu einem Abbild der Klassengesellschaft. Bis Anfang des 20. Jahrhunderts gab es vielfach vier Eisenbahn-Klassen. Die transkontinentalen Eisenbahnen in Nordamerika trugen entscheidend zur Vernichtung der indianischen Urbevölkerung bei. Eisenbahnen wurden für Kriege gebaut und Kriege wurden wegen Eisenbahnen geführt. Der Holocaust, die industriell organisierte Vernichtung der jüdischen Bevölkerung in Europa, hatte als Voraussetzung einen fahrplanmäßigen Einsatz der Züge in die Vernichtungslager.

Bereits in den 1930er Jahren schienen Eisenbahnen jegliche Zukunftsfähigkeit verloren zu haben. Die Wirtschaftspolitik des »New Deal« in den USA setzte ebenso wie die faschistische Politik unter Benito Mussolini in Italien und die NS-Politik unter Adolf Hitler auf den Autobahnbau und die »Massenmotorisierung« bzw. das »Volksauto«. In Europa wurde diese Verkehrspolitik vor allem nach dem Zweiten Weltkrieg umgesetzt. Nun waren die Eisenbahnen jahrzehntelang das Stiefkind jeglicher Verkehrspolitik; sie wurden geradezu sprichwörtlich zum »alten Eisen« gerechnet. Neue technologische Fortschritte im Eisenbahnsektor kamen nicht mehr zur Anwendung. Die Zukunft schien der Welt der Autos und der Flugzeuge zu gehören. Die Marktanteile der Schiene im Verkehrsmarkt brachen ein. Helmut Schmidt, ein früher Autokanzler, verkündete als Credo der Verkehrspolitik seiner Bundesregierung: »Jeder Deutsche soll den Anspruch haben, sich einen eigenen Wagen zu kaufen. Deshalb wollen wir ihm die Straßen dafür bauen.«

Zu einer neuerlichen Wende zugunsten der Schiene kam es in den 1980er und 90er Jahren, als die Umwelt, das Waldsterben, die Klimaveränderung, der Treibhauseffekt und das »Ende des Ölzeitalters« zu großen gesellschaftlichen Themen wurden. Erstmals seit gut einem halben Jahrhundert wurden die Eisenbahnen wieder zu einem Hoffnungsträger. Nur mit einem Ausbau des schienengebundenen Verkehrs schien eine Symbiose zwischen moderner Mobilität und Nachhaltigkeit möglich zu sein. Nun wurden neue Technologien der Bahntechnik erstmals in größerem Umfang angewandt – so im Fall der Neigetechnikzüge, der modernen Triebwagen im Nahverkehr, der Niederflur-Straßenbahnen und der Hochgeschwindigkeitszüge. Das britische Wirtschaftsmagazin *The Economist* brachte eine Serie unter dem Titel »Return Train!« In der deutschen *Wirtschaftswoche* war zu lesen: »Gerade jetzt kann Europa einen Mann oder eine Frau von der visionären Gestaltungskraft eines Friedrich List gebrauchen. Denn Europa kommt buchstäblich in Bewegung.« Die Europäische Union veröffentlichte eine Broschüre zur Verkehrspolitik, in der es hieß: »Die Vorteile der Schiene sind nicht zu bestreiten: Geringerer Raumbedarf und niedrigerer Energieverbrauch, größere Sicherheit, geringere Umweltbelastungen – diese qualitativen Vorteile der Schiene gewinnen nun an Bedeutung.«

Doch die neuen Einsichten hatten wenig praktische Konsequenzen. Vielmehr entwickelte sich der Verkehr weltweit auch nach den Umweltkonferenzen von Rio de Janeiro und Kyoto weg von der Schiene und hin zu Auto und Flugzeug. Und es sind keineswegs die »demokratischen Entscheidungen« der Menschen, die zu dem »verkehrten Verkehr« beitragen. Vielmehr gibt es eine handfeste Politik zugunsten dieser zukunftsfeindlichen verkehrspolitischen Optionen. Hier nur drei Stichpunkte:

Weltweite Automotorisierung: Wenn nur Indien und China (mit zusammen rund 2,3 Milliarden Menschen) derart automobil gemacht werden, wie es die DDR 1989 war (ein Pkw auf vier Menschen), dann sind weltweit weitere 575 Millionen Pkw erforderlich. Derzeit gibt es weltweit genau so viele. Diese Art »bescheidener« Automotorisierung nur in einem Teil der gering motorisierten Welt heißt, den Pkw-Bestand weltweit zu verdoppeln – Schadstoffemissionen und Unfallopfer inklusive. Just diese Entwicklung wird derzeit konkret geplant, just mit dieser Perspektive ziehen heute die internationalen Autokonzerne in China und Indien ihre neuen Fertigungskapazitäten hoch, in enger Kooperation mit den einheimischen Eliten.

Verdichteter Autoverkehr in den OECD-Staaten: Auch in den bereits hoch automotorisierten Regionen von Westeuropa, Nordamerika und Japan kommt es zu einer systematischen Verdichtung der Pkw-Motorisierung. Ein Instrument dabei ist die Marktorientierung der großen Autohersteller. Das »Universalauto«, wie wir es von Anfang des 19. bis Ende des 20. Jahrhunderts kannten, wird aufgespalten in jeweils spezifische Autos für spezifische Mobilitätszwecke: »family cars« oder »vans«, »city cars«, »fun cars« und »off roaders«, letztere auch zusammengefasst in der Gruppe der »SUVs«, der »Sport and Utility Vehicles«. Wie aberwitzig dies ist, zeigt die Tatsache, dass zwar die Geburtenrate ständig sinkt, aber der Trend zu »Vans« zunimmt. Während in den vergangenen 15 Jahren das Gewicht des durchschnittlichen Pkw um rund 30% auf derzeit durchschnittlich 1,2 Tonnen und die PS-Zahl um rund 40% anstiegen, nahmen Zahl und Gewicht der transportierten Personen um ungefähr die gleichen Margen ab. Derzeit sitzen im statistischen Durchschnitt nur noch 1,2 Personen in einem Pkw, der wiederum an 23,5 Stunden am Tag als Stehzeug und nur 30 Minuten als Fahrzeug fungiert. Inzwischen kommen in der Bundesrepublik Deutschland auf 1.000 Einwohner – Kinder und Greise eingeschlossen – rund 550 Personenkraftwagen. Doch der Eindruck einer »total automobilen Gesellschaft« täuscht. Viele Pkw sind Zweit- und Drittwagen. Weiterhin hat ein gutes Fünftel der bundesdeutschen Haushalte kein Auto. In Berlin gibt es in 40% der Haushalte kein Auto.

Infrastrukturpolitik pro Straßen und Flugverkehr: In der Bundesrepublik Deutschland gibt es seit Jahrzehnten Bundesverkehrswegepläne, die in Fünf-Jahres-Perioden unterteilt und von Fernstraßenausbaugesetzen untersetzt sind. Das weitgehend konstante Ergebnis dieser Beton-Planwirtschaft lautet: Jahr für Jahr entstehen rund 1.000 km neue Straßen – Gemeinde-, Kreis-, Landund Bundesstraßen und Bundesautobahnen. Das westdeutsche und seit 1990 gesamtdeutsche Schienennetz wird jedes Jahr um 400 bis 500 km abgebaut. Seit geraumer Zeit entsteht jährlich ein neuer Regionalairport oder eine neue Startbahn auf einem großen, bestehenden Flughafen. Auf dem Gebiet der »alten EU« mit 15 Mitgliedsstaaten wurde im Zeitraum 1980 bis 2004 die Länge des Autobahnnetzes verdoppelt – von 30.000 auf knapp 60.000 km. Im gleichen Zeitraum wurde in der »alten« EU das Schienennetz von 167.500 auf 152.000 km abgebaut. Im Frühjahr 2005 verkündete der Europäische Gerichtshof ein Urteil, wonach die Unterstützung von Billig-Airlines durch Subventionen als »Teil der Förderung gering entwickelter Regionen« gestattet sei.

Für eine solche Politik des einseitigen Verkehrswegebaus gilt die alte Erkenntnis von Bürgerinitiativen: »Wer Straßen und Airports sät, wird Verkehr auf Straßen und in der Luft ernten.« Und kommt es zu einer materiellen Privatisierung der Deutschen Bahn AG, dann könnte das im Titel dieses Buches verwendete Wortspiel »in den letzten Zügen« eine sehr direkte Bedeutung erlangen: für die Eisenbahn in der Bundesrepublik Deutschland, aber auch für den Schienenverkehr in großen Teilen Europas.

2. Die Neue Welt und das »alte Europa«

Good morning, America, how are you!
Hey don't you know me I'm your native son!
I'm the train they called the City of New Orleans
And I've done five hundred miles when the day is gone!

US-Folksong

Von der einstmals größten Industrieunternehmung der Welt blieben nur noch Relikte. Die Namen der Langstreckenzüge erinnern bis heute an die Pionierzeit... Doch sie fahren höchstens einmal am Tag. Umsteigen ist unmöglich, da sich die großen Linien nicht kreuzen. Kein Netz alternativer Verbindungen, kein auf geringe Wartezeiten koordinierter Fahrplan... Der durchschnittliche Amtrak-Passagier ist entweder zu alt zum Autofahren, zu arm zum Fliegen oder beides. Auf der gesamten Fahrt nach New York werde ich ... keinen weißen Mann zwischen 20 und 60 Jahren mehr sehen. Dafür viele farbige Mütter mit Kindern und alte Leute.
    Alexander Klose über eine Eisenbahnreise durch die USA 2006

Die USA waren einmal das Eisenbahnland Nr. 1. Die US-amerikanische Nation wurde durch die Eisenbahnen zusammengeführt; sie identifizierte sich mehr als jede andere moderne Nation mit diesem Verkehrsmittel.

Bis 1925 gab es in den USA im Personenverkehr ein Schienennetz mit einer Gesamtlänge von 400.000 km. Heute sind es nur noch rund 40.000 Kilometer. Die Schiene dominierte vor dem Zweiten Weltkrieg noch im Verkehrsmarkt; heute liegt ihr Marktanteil im Personenverkehr bei 0,3 %.

Es waren im Wesentlichen zwei Faktoren, die zu dieser weitgehenden Zerstörung des Schienenpersonenverkehrs in den USA führten: Zum einen gab es einen unauflöslichen Widerspruch zwischen den kurzfristigen Kapitalinteressen der privatkapitalistischen Eigentümer der Eisenbahngesellschaften und dem langfristigen Charakter der Kapitalanlage im Eisenbahnsektor. Investitionen in Eisenbahnen sind auf 50 und mehr Jahre angelegt. Der Horizont für die Profitinteressen privater Anleger liegt jedoch bei maximal einem Jahrzehnt. Zum anderen entwickelte sich bereits früh um die Öl- und Autoindustrie eine gewaltige Kapitalmacht, die ihre Interessen gegenüber der Konkurrenz auf Schienen mit allen Mitteln durchsetzte. (Vgl. auch Kapitel 8.) Nach dem Zusammenbruch der wichtigen privaten Eisenbahngesellschaften Anfang der 1970er Jahre wurde der verbliebene Schienenpersonenverkehr in einer neuen, staatlichen Gesellschaft, Amtrak, zusammengefasst. Eine wirksame öffentliche Unterstützung für Amtrak blieb jedoch aus. Das Unternehmen steht 2006 am Rande des Bankrotts. Im Gegensatz zum Personenverkehr spielt in den USA der Güterverkehr auf Schienen wieder eine bedeutende Rolle. Rund 40% des Güterverkehrs werden auf der Schiene abgewickelt. Es handelt sich in erster Linie um einen Güterverkehr mit Ganzzügen über sehr lange Distanzen, zum Teil um transkontinentale Verkehre. Den Güterverkehr beherrschen wenige große Eisenbahngesellschaften, die faktisch regionale Monopole innehaben. Die Schienennetze für den Güter- und den Personenverkehr sind getrennt. (Siehe Kapitel 8).

Die Verkehrsentwicklung in den USA ist derjenigen in Europa um 25 bis 30 Jahre »voraus«. Die Automotorisierung, die begleitende Zerstörung des Schienenverkehrs und der explosionsartige Anstieg des Flugverkehrs finden auf dem europäischen Kontinent verzögert statt. Der staatliche Betrieb der Bahnen in Europa und die späte Bildung einer Europäischen Union als eines zunehmend einheitlichen Wirtschaftsraumes sind maßgeblich für diese phasenverschobene Entwicklung.

Noch hält die Schiene in der EU einen Marktanteil von acht Prozent im Personenverkehr und von zwölf Prozent im Güterverkehr. Noch gibt es in den »alten« 15 Mitgliedstaaten der EU ein Schienennetz mit einer gesamten Länge von 150.000 km. In der erweiterten EU (EU-25) hat es eine Länge von knapp 200.000 km. Allerdings gab es auch hier bereits tiefe Einschnitte: Vor 80 Jahren hatte das europäische Schienennetz noch eine Länge von rund 300.000 km. Vor 25 Jahren waren es immerhin noch 280.000 km. Allein im Zeitraum 1995 bis 2003 wurden auf dem Gebiet der EU mit 25 Mitgliedsländern 10.000 km des Schienennetzes stillgelegt. Das heißt, auch in jüngerer Zeit, als in Europa fast alle Verantwortlichen von der Notwendigkeit eines »Vorrangs für die Schiene« redeten, wurde das Schienennetz weiter reduziert.

Dennoch lässt sich sagen: Im »alten Europa« gibt es eine Basis für eine alternative Verkehrspolitik. Die noch bestehenden 200.000 km Schienenstrecken könnten eine Art »eisernes Rückgrat« für eine Alternative im Verkehrssektor darstellen. Noch gibt es – neben diesem Schienennetz – einigermaßen funktionierende einheitliche Bahngesellschaften, die sich fast ausschließlich in öffentlichem Eigentum befinden, anders als in den USA, in Argentinien, in Mexiko oder in Neuseeland, wo die privat betriebenen Bahnen bzw. die Privatisierungsprozesse dazu geführt haben, dass es keinen relevanten Schienenpersonenverkehr mehr gibt. In diesem Zusammenhang kommt den Prozessen der Bahnprivatisierung in Europa eine große Bedeutung zu. Sie könnten sich als das entscheidende Element erweisen, den Schienenverkehr im einzigen Kontinent, in dem er noch einen ansehnlichen Marktanteil hat, als potenzielle Alternative zum motorisierten Massenverkehr auszuschalten. Die Vorgänge haben also eine weltweite Bedeutung. Die Europäische Union und die EU-Kommission haben in den letzten 15 Jahren eine Reihe von Vorgaben gemacht, mit denen die Bahnprivatisierungen vorangetrieben werden. Unter anderem fordern EU-Richtlinien eine rechnerische Trennung zwischen Infrastruktur und Transport und eine Marktöffnung insbesondere auf dem Gebiet des Schienengüterverkehrs, was die Desintegration und Zerschlagung der bis dahin einheitlichen Bahngesellschaften begünstigte.

Die britischen Regierungen unter Margaret Thatcher (1979 bis 1990) spielten eine Vorreiterrolle bei der Durchsetzung der fundamentalen Wende, die es in der europäischen Politik seit Mitte der 1980er Jahre mit ihrem Abbau der Daseinsvorsorge und des öffentlichen Sektors gab. Ein zentraler Bestandteil war dabei die Privatisierung von British Rail, die dann unter dem konservativen Nachfolger von Thatcher, dem Premier John Major, mit dem Railways Act 1993 beschlossen und in den Jahren 1994 bis 1997 umgesetzt wurde. Dabei wurden Infrastruktur und Transport getrennt. Während die Infrastrukturgesellschaft als ein einheitliches privatkapitalistisches Unternehmen unter dem Namen *Railtrack* fungierte, teilten sich den Personenverkehr zunächst 25 private Betreiber auf.

Ein Dutzend Jahre später kann eine erste Bilanz gezogen werden: Heute kontrollieren rund 20 privatkapitalistische Gesellschaften den Eisenbahnbetrieb im Personenverkehr. Die privaten Gesellschaften verfügen aufgrund der gewährten Konzessionen auf den entsprechenden Strecken und Netzen über (regionale) Monopole. Der Güterverkehr wird von einer Gesellschaft (EWS) beherrscht. Die Eigentümer der bedeutendsten Bahngesellschaften sind der Billigflieger *Virgin* und die Busunternehmen *First, Stage Coach* und *Arriva*. Diese richten im Konfliktfall den Bahnbetrieb naturgemäß nach ihren wesentlichen Interessen aus, die bei den genannten konkurrierenden Verkehrsträgern liegen. Im Personen- und Güterverkehr auf Schienen gab es, ausgehend von einem niedrigen Niveau, im Zeitraum 1994 bis 2004 ein deutliches Wachstum, das sich teilweise aus einem langanhaltenden Aufschwung der britischen Wirtschaft, aus dem extrem hohen Preisniveau für Mieten und Häuser im Raum London und aus der starken Zunahme von prekären und »flexibilisierten« Jobs erklärt. Der Anteil der Schiene liegt in Großbritannien mit 5,5% im Personenverkehr und mit 10% im Güterverkehr allerdings weiterhin deutlich unter dem EU-Durchschnitt. Die staatlichen Subventionen für die Schiene liegen heute laut Fachblatt *Modern Railways* rund doppelt so hoch wie in der Ära von British Rail. Vor allem verwandelte sich der bis 1994 einheitliche britische Schienenverkehr in einen »Flickenteppich«: Es gibt keinen einheitlichen Fahrplan; die Fahrpreise werden von den einzelnen Bahnbetreibern individuell gestaltet. Es herrscht ein Tarif- und Fahrplan-Chaos. Wenn Züge liegen bleiben, werden bei der Aufnahme der betroffenen Fahrgäste die Tickets von konkurrierenden Betreibern oft nicht anerkannt.

Dabei ist auch im Fall der britischen Bahnprivatisierung der Erfahrungshorizont mit knapp zehn Jahren noch allzu kurz, um eine fundierte Bilanz zu ziehen. Die langfristige Form der Kapitalanlage in diesem Sektor, die auch für das rollende Material zutrifft, lässt erwarten, dass sich in den nächsten Jahren noch weit gravierendere Folgen der Bahnprivatisierung offenbaren, zumal weiterhin ein Großteil des rollenden Materials, das sich derzeit im britischen Schienennetz im Einsatz befindet, aus übernommenen und geleasten British Rail-Fahrzeugen besteht. Dieses Zugmaterial wird jedoch in wenigen Jahren verschlissen sein, und es steht in den Sternen, wer die dann erforderliche grundlegende Modernisierung finanzieren wird.

Die problematischen Eigentümerstrukturen haben bereits ernsthafte Konsequenzen für große Bahngesellschaften. Seit Sommer 2006 ist mit der *Great North Eastern Railway* (GNER), die u.a. die Verbindungen London – Leeds/York und London – Edinburgh/Glasgow bedient, erstmals eine führende Fernverkehrs-Eisenbahngesellschaft existenziell bedroht. Interessanterweise geriet GNER nicht in erster Linie wegen des eigentlichen Eisenbahngeschäfts in die Krise. Vielmehr ist die Muttergesellschaft von GNER, das Seefrachtunternehmen *Sea Container,* vom Konkurs bedroht, was *Modern Railways* zur Überschrift veranlasste, »GNER – sailing in the sunset? – Rollt GNER der Abenddämmerung entgegen?«

Die Bilanz im Bereich der Infrastruktur ist noch negativer. Die Investoren der privaten Netzgesellschaft *Railtrack* realisierten in den Jahren 1994 bis 1999 Gewinne in einer Höhe von rund 10 Milliarden britischen Pfund, die sie dem Infrastrukturunternehmen entzogen. Gleichzeitig wurden die Investitionen drastisch zurückgefahren. 2001 ging Railtrack in den Konkurs. Die britische Regierung musste das Netz erneut verstaatlichen, nicht ohne zuvor die privaten Eigentümer teuer zu entschädigen. Die britische Regierung schätzt den Investitionsbedarf, der nunmehr erforderlich ist, um das Netz wieder in einen akzeptablen Zustand zu bringen, auf 50 Milliarden Pfund. Unter den gegebenen Bedingungen wird auch nicht eine annähernd so große Summe in die Schiene investiert werden.

Die Bahnprivatisierung hat dem britischen Schienenverkehr auf Dauer massiven Schaden zugefügt. In der britischen Bevölkerung gilt sie als Desaster; eine breite Mehrheit fordert die Rückführung des gesamten Schienenbetriebs in öffentliches Eigentum. Auch die deutsche Presse zieht eine negative Bilanz: »In England ist die Privatisierung gründlich missglückt«, hieß es in der *Frankfurter Allgemeine Zeitung.* Der *Spiegel* bilanzierte unter der Überschrift »Schrottige Schienen«: »Die britische Eisenbahn präsentiert sich in einem erbärmlichen Zustand: Verspätungen sind die Regel, frustrierte Fahrgäste flüchten in Autos und Busse.« In der Tageszeitung *The Times* schrieb Simon Jenkins, der ursprünglich die British Rail-Privatisierung unterstützte: »Manchmal frage ich ehemalige Manager von British Rail, was sie zu dem Trümmerhaufen der britischen Eisenbahn sagen. ›Gebt mir den Wirtschaftsaufschwung‹, sagen die, ›mit dem 25-prozentigen Fahrgastan-

Strukturen der Eisenbahnen in Europa, USA, Japan und Lateinamerika

Unternehmensstruktur	Besitzverhältnisse	
	öffentlich	privat
Integriert Netz u. Transport sind organisatorisch unabhängig voneinander, aber in einem Unternehmensverbund integriert	Österreich, Belgien, Schweiz, Kroatien, BRD, Griechenland, Irland, Luxemburg, Litauen, Lettland, Ungarn, Polen, Italien, Serbien-Montenegro, Bosnien-Herzegowina	Estland USA (Güterverkehr) Japan (Personenverkehr) Lateinamerika
Teilweise integriert bzw. getrennt*	Frankreich, Tschechische Republik, Finnland, Slowenien	
Vollständig getrennt Netz und Transport sind institutionell voneinander getrennt	Bulgarien, Dänemark, Norwegen, Niederlande, Portugal, Rumänien, Spanien, Slowakische Republik, Schweden, Großbritannien (Infrastruktur)	Großbritannien (operating companies)

* Die Verantwortung für Betriebsleitung und Infrastrukturinstandhaltung wurde von der Infrastrukturgesellschaft an die nationale Transportgesellschaft vertraglich übertragen.

stieg und den inzwischen drei Mal höheren staatlichen Unterstützungszahlungen und wir würden euch die beste, vergoldete Eisenbahn der Welt hinstellen.‹ Stattdessen haben sie sie gegen den Prellbock gefahren.«

In der bundesdeutschen Öffentlichkeit wird so getan, als ob der Zug der Zeit die Zeit der privatisierten Züge sei. Tatsächlich ist das britische Beispiel einer umfassenden Bahnprivatisierung bisher in Europa einmalig. Noch befinden sich fast alle europäischen Bahnen in öffentlichem Eigentum. Der Europäische Eisenbahnverband CER veröffentlichte Mitte 2006 eine Aufstellung, wonach es in Europa nur noch in Estland eine vollständig privatisierte Eisenbahn gibt. In allen anderen 29 Ländern, die im CER vertreten sind, befindet sich die Eisenbahn weiterhin in öffentlichem Eigentum. In 19 dieser Länder handelt es sich um einheitliche (»integrierte«) oder weitgehend integrierte Bahngesellschaften. In neun Ländern kam es auch zu einer formellen Trennung von Infrastruktur und Transport (siehe Tabelle).

Vor dem Hintergrund der Struktur der europäischen Eisenbahnen und der Eigentumsverhältnisse bei denselben kommt der geplanten deutschen Bahnprivatisierung eine zentrale Rolle zu. Wird das Bundeseigentum an der Deutschen Bahn AG ganz oder zu großen Teilen an private Investoren übereignet, dann hat dies eine Signalwirkung in ganz Europa. Der Privatisierungsprozess der europäischen Bahnen wird deutlich beschleunigt werden. Auch Bahnen in Nicht-EU-Ländern – so die Schweizerischen Bundesbahnen SBB – werden davon erheblich beeinflusst werden. In einer Stellungnahme des CER heißt es dazu einigermaßen zurückhaltend, aber deutlich: »Andere europäische Bahnen schauen mit Interesse auf die Entwicklung in Deutschland ..., weil die Deutsche Bahn das größte Eisenbahnunternehmen in Europa ist. Die in Deutschland gemachten Erfahrungen sind von großem Interesse vor allem für Länder, die ihre diesbezüglichen Entscheidungen noch nicht abschließend getroffen haben.«

3. Raus aus den Kartoffeln, rein in die Kartoffeln.
Oder: Bilanz der Bahnreform

> *Wie sehr in der Vergangenheit in der Bundesrepublik die Bahn benachteiligt wurde, erkennen Sie daran, dass zwischen 1965 und 1990 die Streckenlänge der Bahn von 30.400 auf 26.900 km geschrumpft ist, während sich beispielsweise die Streckenlänge der Bundesautobahnen verdreifacht hat.*
>
> Roland Kohn, Bahnpolitischer Sprecher der FDP-Fraktion, Bundestagsdebatte zur Bahnreform vom 23. März 1993

Seit rund sechs Jahren – weitgehend deckungsgleich mit dem Antritt von Hartmut Mehdorn als Bahnchef – kursiert ein neues Mantra in der Bahndebatte. Es lautet: Börsengang. Mit einer solchen materiellen Privatisierung, dem Verkauf des Bundeseigentums an der DB AG, sollen nach den offiziellen Verlautbarungen im Bahnverkehr die folgenden Ziele erreicht werden:

- Niedrigere Kosten für die Steuerzahlenden und ein prosperierendes, statt ein hoch verschuldetes Unternehmen
- Kundennähe
- Verlagerung des Personen- und Güterverkehrs auf die Schiene.

Das Verwirrende ist: Exakt dieselben Ziele wurden bei der Bahnreform verkündet, die im Jahr 1993 beschlossen und im Januar 1994 vollzogen wurde. Wir können nun auf ein Dutzend Jahre Bahnreform zurückblicken. Seit Januar 1994 besteht die Bahn in der Unternehmensform einer Aktiengesellschaft. An der Spitze gab es mit Heinz Dürr bzw. gibt es mit Hartmut Mehdorn zwei Bahnchefs, die vor der Übernahme dieser Position Top-Industrielle, auch »Manager des Jahres«, waren. Die Bahnbelegschaft wurde halbiert, womit die von vielen geforderte »schlanke Bahn« geschaffen wurde. Schließlich wurden im Januar 1994 alle aufgelaufenen Schulden von Reichsbahn und Bundesbahn auf den Bund übertragen – die DB AG startete also schuldenfrei in eine scheinbar bahnsinnige Zukunft.

Die Bilanz der drei zitierten Ziele der ersten Etappe der Bahnprivatisierung ist deutlich:

- *Kosten:* Der Bund zahlt inzwischen laut Bundesrechnungshof und laut Gutachten von Booz Allen Hamilton (2006) mehr an staatlichen Geldern für die Schiene (DB AG, Infrastruktur und Bundeseisenbahnvermögen BEV), als vor 1994 in die Schiene flossen. Es sind jährlich zusammen rund 12 Milliarden Euro. Dennoch ist die DB AG Ende 2005 mit 25 Milliarden Euro hochverschuldet. Die aktuelle, in zwölf Jahren aufgehäufte Schuldenlast liegt fast so hoch wie diejenige, die die Bundesbahn im Zeitraum 1949 bis 1993, in 44 Jahren, auftürmte.
- *Kundenfreundlichkeit:* Im Ranking unter allen großen Unternehmen landet die DB AG in der Regel auf dem letzten Platz. Die Bahn gilt allgemein als kundenfeindlich – was nicht am Personal, oft aber am Personalmangel liegt.
- *Position der Schiene im Verkehrsmarkt:* Bereits im »Verkehrsbericht 2000« stellte die Bundesregierung unzweideutig fest: »Das wichtigste Ziel der Bahnreform, mehr Verkehr auf die Schiene zu bringen, wurde bisher nicht erreicht«. Daran hat sich bis heute nichts geändert. Laut neuester Ausgabe der offiziellen Statistik »Verkehr in Zahlen« (2005/2006) hat die Schiene im Personen- wie im Güterverkehr im Zeitraum 1993 bis 2004 weiter an Boden verloren. Geht man ins Detail, so stellt man fest: Diese Bilanz gilt für den Güterverkehr. Sie gilt insbesondere für den Fernverkehr, in dem es vor allem 2002/2003 wahre Einbrüche gab – als Folge des neuen Bahnpreissystems und der Abschaffung des InterRegio. Sie gilt offiziell nicht für den Nahverkehr, in dem der Anteil der Schiene leicht gesteigert werden konnte. Allerdings ist das ein Bereich, in dem nachweislich die DB AG die Zahlen nach oben »schöngerechnet« hat.

Die Gesamtbilanz im Zeitraum 1991 bis 2004 wird in der Tabelle auf der folgenden Seite wiedergegeben.

Danach sinkt der Anteil der Schiene in beiden Bereichen des Verkehrsmarktes. Im Personenverkehr sind es allein die in der Statistik ansteigenden Zahlen des Schienenpersonennahverkehrs, die das Bild nicht völlig eintrüben. Allerdings müssen gerade diese Zahlen, wie dargelegt, in Frage gestellt werden. Im Schienenpersonenfernverkehr kam es sogar zu einem absoluten Rückgang der Leistung.

Tabelle: Entwicklung des Güter- und Personenverkehrs auf Schienen im Zeitraum 1991-2004

	1991	1993	1994	2000	2003	2004
Personenverkehr						
Eisenbahnen						
in Mrd. Personenkilometern	57,0	63,4	65,2	75,4	71,3	72,6
davon:						
Schienenpersonennahverkehr	23,3	29,9	30,3	39,2	39,7	40,2
Schienenpersonenfernverkehr	33,7	33,5	34,8	36,2	31,6	32,4
Anteil der Schiene am gesamten						
Personenverkehrsmarkt in vH	6,5	7,0	6,6	7,2	6,6	6,6
Güterverkehr						
Eisenbahnen/Binnenverkehr						
in Mrd. Tonnenkilometer	82,2	65,6	70,7	77,5	79,8	86,4
Anteil der Schiene am gesamten						
Güterverkehrsmarkt in vH	20,6	16,8	16,8	15,3	15,5	15,8

Angaben nach: Verkehr in Zahlen 2005/2006

Privat – öffentlich oder: Teilerfolge im Nah- und Regionalverkehr

Gelegentlich wird eingewandt: Aber die DB AG ist ja nicht tatsächlich privatisiert; es handelt sich »irgendwie« noch um eine Staatsbahn. Und im Unterschied zur DB AG hätten die »wirklich privaten Bahnbetreiber« doch eine positive Bilanz vorzuweisen. Was ja dann ein Erfolg der Bahnreform wäre.

Tatsächlich gibt es »wirklich private« Bahnbetreiber vor allem in zwei Bereichen: Erstens im Personennahverkehr und zweitens in Teilsegmenten des Güterverkehrs. Beim Güterverkehr sind die Privaten dort erfolgreich, wo die DB AG freiwillig – oft aus Unfähigkeit – das Feld räumt. Oder wo – z.B. im Chemie-Bereich – Spezialtransporte über größere Entfernungen gefahren werden, was auf »Rosinenpickerei« hinausläuft. (Siehe dazu auch Kapitel 7). Was den Schienenpersonenverkehr betrifft, so konzentrieren sich die Privaten (zum Beispiel Unternehmen wie *Connex/Veolia* und *Arriva*) zu 99% auf den Nahverkehr (SPNV). Das heißt, sie engagieren sich in dem hoch subventionierten Segment des Schienenverkehrs. Die Hälfte bis zwei Drittel der Einnahmen im SPNV sind Regionalisierungsgelder, also Bundesgelder, die den Ländern zum Bereitstellen des Nahverkehrs zufließen. Es gibt also hier kaum einen Wettbewerb um die Kundschaft, wohl aber einen um die Staatsknete. Wobei oft der gewinnt, der mit dem Sozialdumping (niedrigere Löhne für das Personal bzw. niedrigere Zahl der Beschäftigten) am weitesten gehen kann. Die Gewinne, die die Privaten hier einfahren, liegen bei DB Regio, der Nahverkehrsgesellschaft der Bahn, ähnlich hoch. Doch es sind Gewinne, die überwiegend aus staatlichen Subventionen generiert werden. Eine größere unternehmerische Leistung ist nicht erkennbar; das Risiko liegt nahe Null. Es ist bezeichnend, dass kein »wirklich Privater« auf Dauer und in größerem Umfang in den Schienenpersonenfernverkehr eingestiegen ist. Dabei hat die DB AG 2000/2001 mit der Aufgabe der Zuggattung InterRegio eine große Lücke geöffnet. Vor 1994 gab es sogar mehr privates Engagement im Schienenpersonenfernverkehr; mit der Bahnreform wurde der Tui-Ferien-Express eingestellt.

Der Nah- und Regionalverkehr ist der einzige Bereich, bei dem die Bahnreform einen gewissen Erfolg brachte. Dies hat allerdings wenig mit der Frage des »Wettbewerbs« und der Rolle der Privaten zu tun. Hier gab es ein Wachstum und augenscheinlich auch eine größere Kundenzufriedenheit. Vor allem existieren Dutzende erfolgreiche Bahnen, die mit großem Engagement Revitalisierungen von Strecken und Bahnhöfen und deutliche Fahrgastzugewinne erreichen konnten. Dies trifft für einige private Bahnen zu, aber auch für einige Bahnen, die sich in öffentlichem Eigentum befinden, so die oberschwäbische Gaisbockbahn (Aulendorf – Friedrichshafen, u.a. Eigentum des Bodenseekreises), die Usedomer Bäderbahn (Tochtergesellschaft der DB AG), die Karlsruher Verkehrsbetriebe (Eigentum der Stadt Karlsruhe), die Teile des Schwarzwalds für die Schiene neu erschlossen. Die wesentliche Ursache für diese Erfolge liegt offenkundig nicht in der Unternehmensform, sondern eher in der Dezentralität und in einer relativen Bürgernähe mit entsprechend weniger Zentralismus. Eine Voraussetzung für diese Erfolge besteht allerdings darin, dass mit dem Regionalisierungsgesetz für den Nah- und Regionalverkehr eine gute finanzielle Grundlage geschaffen wurde. Die im Sommer 2006 beschlossenen Kürzungen der Regionalisierungsmittel für den Zeitraum 2006 bis 2010 werden diese Bilanz bereits wieder trüben.

Warum eine negative Bilanz 1994-2006?
In der Unternehmenspolitik der DB AG können drei zentrale Fehler ausgemacht werden, die in den letzten zwölf Jahren wesentlich zu der negativen Bilanz beitrugen.

Falsche Konzentration auf Hochgeschwindigkeit – Beschleunigter Rückzug aus der Fläche
Rund 60% aller Investitionen der DB AG flossen im Zeitraum 1994 bis 2005 in Hochgeschwindigkeitsstrecken oder in Projekte, die mit Hochgeschwindigkeit und dem Geschäftsreiseverkehr verbunden sind. Finanziert wurden die Neubaustrecken Hannover – Stendal – Berlin, Frankfurt/M. – Köln und München – Ingolstadt – Nürnberg – Erfurt. Allein zehn Milliarden Euro flossen in den »Knoten Berlin« mit dem Prestigeprojekt des Ex-Bundeskanzlers Kohl und des damaligen Bahnchefs Ludewig: dem neuen Hauptbahnhof, dessen Konzept als Kreuzungsbahnhof problematisch und dessen Ansiedlung im urbanen Niemandsland falsch ist.

Die Anteile des Hochgeschwindigkeitsverkehrs und des Geschäftsreiseverkehrs im gesamten Schienenpersonenverkehr sind jedoch minoritär. Selbst im Fernverkehr liegt der Anteil der Geschäftsreisenden nur bei 20%; ihr Anteil an den Erlösen macht 25 bis 30% aus. Auf sie entfallen maximal 20% der Umsatzerlöse. 90% des Schienenverkehrsaufkommens entfallen auf Bahnfahrten unter 50 Kilometern, was der traditionellen Definition von Nahverkehr entspricht. Gemessen an der Verkehrsleistung (Personenkilometer) sind es immer noch 50%, die im Schienenpersonennahverkehr (SPNV) anfallen. Nimmt man *nur* den Fernverkehr (womit bereits mehr als die Hälfte des Personenverkehrs ausgeklammert wird), dann liegt die durchschnittliche Reiseweite je Fernverkehrsfahrt auf Schienen bei 230 km. Das aber heißt: Die Hälfte des Schienenpersonenfernverkehrs findet auf Verbindungen statt, bei denen sehr hohe Geschwindigkeiten eine sekundäre Rolle spielen. Weit wichtiger als die Frage, ob eine Fahrt um zehn oder 15 Minuten kürzer wird, sind hier Faktoren wie Fahrpreis, Umsteigehäufigkeit, Pünktlichkeit, Anbindung an der Quelle und am Ziel sowie die Sicherheit, einen bequemen Sitzplatz (auch ohne Reservierung) zu erhalten. Längere – über weite Distanzen führende – Schienenfahrten spielen im Schienenfernverkehr eine untergeordnete Rolle. Interessant ist, dass Bahnchef Mehdorn 2004 mitteilte, Zugfahrten mit mehr als vier Stunden Fahrtdauer empfinde er persönlich als Tortur. Tatsächlich ziehen Geschäftsreisende bei diesen Distanzen weiterhin das Flugzeug vor. Das hat auch mit Rahmenbedingungen zu tun, auf die die Bahn nur bedingt Einfluss hat: Die Flugpreise sinken ständig und die Airportdichte nimmt zu. Gleichzeitig steigen die Bahnpreise weiter, die Bahnhofsdichte nimmt ab; sogar Großstädte wie Potsdam, Rostock und Magdeburg und Regionen wie das Allgäu wurden weitgehend vom Schienenfernverkehr abgehängt.

Zeitgleich mit ihrer Konzentration auf Hochgeschwindigkeit hat sich die DB AG immer mehr aus der Fläche zurückgezogen. Seit der Bahnreform wurden mehr als 5.000 km Schienenstrecken stillgelegt; knapp 500 km pro Jahr. Das im Eingangszitat wiedergegebene Negativ-Szenario der Staatsbahn, das der bahnpolitische Sprecher der FDP beschwor, lautete: Im Zeitraum 1965 bis 1990 wurden 3.500 km des Schienennetzes abgebaut. Damit wurden in Zeiten der staatlichen Eisenbahn jährlich 150 km Schienenstrecken gekappt, in den Zeiten der teilprivatisierten Bahn waren es drei Mal mehr pro Jahr. Schließlich wurden seit 1994 mehr als 600 Bahnhöfe geschlossen, 50 pro Jahr. 500 Bahnhöfe hat die Deutsche Bahn AG bereits verkauft.

Ein Zugsystem des Fernverkehrs wurde am 15. Dezember 2002 abgeschafft: der InterRegio (IR), eine 1988 mit bescheidenen Mitteln geschaffene, sehr erfolgreiche Zuggattung, die zu akzeptablen Preisen, mit einem guten Reisekomfort und einem qualitativ hohen Serviceangebot solche Regionen in den Fernverkehr einband, die mit IC/EC und ICE nicht erreicht werden. Ein letzter, vereinzelter IR fuhr bis zum 27. Mai 2006. Mit dem Tod des IR wurden ganze Regionen wie Oberschwaben, Ostfriesland und Teile der Ostseeküste ganz oder weitgehend vom Fernverkehr der Bahn abgehängt. Für die Abschaffung des IR gibt es keine überzeugenden betriebswirtschaftlichen Gründe. Die meisten InterRegio-Linien waren, richtig gerechnet, gar nicht verlustbringend. Die unrentablen Linien wiederum wären mit adäquaten, kleineren Fahrzeugen zu sanieren gewesen. Werden gar die Kosten für die Neubaustrecken korrekterweise eingerechnet, so erreichte der IR im Vergleich vor allem zum ICE einen deutlich besseren Kostendeckungsgrad. Maßgeblich für die Stilllegung des IR sind ideologische Faktoren: Das Top-Bahnmanagement wollte sich nicht eingestehen, dass ein konventioneller Schienenverkehr deutlich erfolgreicher als der Hightech-Zug ICE sein kann. Karl-Dieter Bodack, viele Jahre lang Manager der Bundesbahn bzw. der Deutschen Bahn AG und »Erfinder« des InterRegio, hat diesen selbstzerstörerischen Prozess in dem Buch »InterRegio – die abenteuerliche Geschichte eines beliebten Zugsystems« überzeugend nachgezeichnet.

Die Konzentration auf den Hochgeschwindigkeits- und den Geschäftsreiseverkehr und die Verabschiedung von einer Bahn, die auch die Fläche optimal bedient, führt zu einer Bahn, die sich von einem großen Teil der Fahrgäste verabschiedet. Die realen und potenziellen Kundinnen und Kunden der Schiene leben verteilt auf das *gesamte* Land und viele wünschen, nicht in Metropolen, sondern in die *Regionen* zu fahren.

Dieser Trennungsprozess hat negative soziale, verkehrspolitische und betriebswirtschaftliche Konsequenzen. Die Tatsache, dass die Verkehrsleistungen im Fernverkehr des Jahres 2005 niedriger sind als im Jahr 1993, stellt ein vernichtendes Urteil dar. Denn in diesem Zeitraum wurden Investitionen im Wert von mehr als 100 Milliarden Euro in den Fernverkehr und hier insbesondere in die ICE-Strecken getätigt – überwiegend finanziert mit öffentlichen Geldern. Ausgerechnet in dem Bereich mit den höchsten Investitionen gab es einen absoluten Rückgang der Personenverkehrsleistungen. Doch das hat eine innere Logik: Wer die Verzweigungen und Verästelungen eines Baums kappt, der erlebt, dass die lebensnotwendige Nährstoffzufuhr zum Stamm stockt und dass zunehmend auch starke Äste verdorren.

So kontraproduktiv sich die Orientierung auf Hochgeschwindigkeit und die Absage an die Flächenbahn betriebswirtschaftlich erweist, sie deckt sich mit den Privatisierungsplänen. Sie fügt sich ein in das Modell eines zukünftigen Bahnverkehrs, das die EU-Kommission propagiert (siehe Kapitel 7). Damit wird der Schienenverkehr als ganzer zerrissen, die Lücke zwischen Nah- bzw. Regionalverkehr und Fernverkehr weitet sich. Vor allem wird auf diese Weise ein kundennaher, integrierter Taktfahrplan immer mehr erschwert.

Schnäppchenjagd statt Kundenbindung

Die Deutsche Bahn AG hat in den vergangenen zwölf Jahren die »normalen« Fahrgäste zunehmend vergrault. Es kam zu einem flächendeckenden Abbau von Service: Tausende Schalter und – wie erwähnt – rund 600 Bahnhöfe wurden geschlossen. Wer kein Internet-Surfer und kein Liebhaber von Automaten ist, hat bei der DB AG immer öfter das Nachsehen: Er muss für seine Tickets mehr bezahlen, immer weitere Wege in Kauf nehmen und mit immer neuen Unannehmlichkeiten rechnen.

Dieses Grundverständnis von Service manifestierte sich in der Bahnpreisreform (»PEP-Bahnpreissystem«), die Ende 2002 eingeführt wurde. Seither gibt es keine nachvollziehbaren Kosten je gefahrenen Kilometer mehr, sondern stattdessen rund 22 Millionen einzelne Fahrpreise für alle denkbaren Verbindungen. Gleichzeitig wurde Bahnfahren für die Masse der Nutzerinnen und Nutzer – insbesondere im Nahverkehr – nochmals teurer. Vor allem aber wurde Bahnfahren des Systemvorteils beraubt, wonach man zu relativ überschaubaren Zeiten regelmäßig einen Zug nehmen und zum Ziel gelangen kann. Stattdessen sollte PEP darauf orientieren, dass jeder, der preiswert Bahn fahren will, mehrere Tage vor Fahrtantritt einen Zug fest bucht und auch bereits die Verbindung für die Rückfahrt ordert. Ausdrücklich erklärten die Betreiber dieses neuen Systems, die Fahrgäste müssten »umlernen«, was eher an die Sprache eines SED-Politbüros als an ein kundenfreundliches Unternehmen erinnert. Tragischerweise wurde die Bahnpreisreform von einem großen Teil der Umwelt- und Fahrgastverbände mitgetragen und von der rot-grünen Bundesregierung offiziell unterstützt.

Das neue Bahnpreissystem scheiterte. Die DB AG musste im Frühsommer 2003 zentrale Aspekte von PEP revidieren. Allerdings bestehen maßgebliche Elemente weiter – zum Schaden des Schienenverkehrs und zum Nachteil der Fahrgäste: Es gibt keine Transparenz, sondern die genannten 22 Millionen Einzelpreise im »Loco-System«. Die Preise sind weiter zu hoch, und sie wurden seither nochmals deutlich angehoben.

Vor allem gibt es keine Orientierung auf die Eisenbahn, die »einfach da« ist, bei der man »einfach zusteigen und dann losfahren« kann. Es gibt keine Orientierung auf die traditionelle Kundschaft und keine Politik ihrer Bindung an das Unternehmen.

Dies zeigt sich exemplarisch bei der BahnCard 50. Im Vorfeld der Bahnreform kämpften Umweltverbände und Verkehrsclub Deutschland (VCD) für ein »Halbpreisticket«, wie es dies damals bereits erfolgreich in der Schweiz gab. Es wurde spät eingeführt – zu einem relativ hohen Preis. Mit »PEP« wurde die BahnCard Ende 2002 abgeschafft. Stattdessen wurde die Schnäppchenjäger-BahnCard25 eingeführt. In ganzseitigen Anzeigen verglich die DB AG die alte BahnCard50 mit der neuen BC25: »Die neue BahnCard: Punkt für Punkt die Vorteile.« Wobei für die BahnCard50 nur ein Pluspunkt (»50% Rabatt ausschließlich auf den Normalpreis«) und für die BahnCard25 gleich acht Pluspunkte angeführt wurden. Noch Ende Mai 2003, als bereits Hunderttausende Fahrgäste mit den Füßen abgestimmt hatten, stellte Hartmut Mehdorn klar: »Die alte BahnCard wird es nie wieder geben.«

Die heftigen Proteste gegen die Bahnpreisreform führten kurz darauf zur Wiedereinführung der BahnCard 50. Doch gibt es diese jetzt zusammen mit der weiter existierenden »BahnCard 25«, was verwirrend ist. Sodann wurde der Preis für die BC50 willkürlich um 40% – von 140 auf 200 Euro erhöht. Schließlich wird die Philosophie, die mit dieser »Mobilitätskarte« verbunden ist, immer wieder durch neue Sonderangebote, bei der die BahnCard50 nicht verbilligend eingesetzt werden kann, konterkariert. Bezeichnenderweise entschied sich das Bahn-Management für Billig-Discounter wie Lidl als Vertriebsstellen, also für ein Unternehmen, das das eigene Personal mit Schnäppchen-Löhnen bezahlt und grundlegende gewerkschaftliche Rechte verweigert.

Richtigerweise sollte die BahnCard 50 als »Mobilitätskarte« wirken und ein Massenprodukt sein. Sie müsste an eine Philosophie anknüpfen, die beim Autofahrer lautet: Die Kfz-Steuer und die Versicherung sind ja »bereits bezahlt«, also »zählt nur der Sprit«. Just so wirkt das Halbtaxticket in der Schweiz (siehe Kapitel 9).

Personalabbau statt Kundennähe

Es gibt kaum eine Branche in unserem Land, in der es zu einem so tiefgreifenden Kahlschlag bei den Arbeitsplätzen kam wie im Fall der Bahn. Ende 1993 gab es noch 365.000 Arbeitsplätze bei Bundesbahn und Reichsbahn. Ende 2005 waren es rund 195.000 – im gesamten Schienenbereich: Bei der Deutschen Bahn AG waren, die Neuerwerbung Stinnes/Schenker herausgerechnet, bis Ende 2005 noch 180.000 Menschen beschäftigt; im Bereich der privaten Bahnen sind es gerade 14.000. Die Beschäftigtenzahl wurde fast halbiert. Im gleichen Zeitraum wurde im Bereich der Bahntechnik – bei den Herstellern von Fahrzeugen und Komponenten – die Zahl der Arbeitsplätze um 50.000 reduziert. Anlässlich der Einweihung des neuen Berliner Hauptbahnhofs rühmte sich der Bahnchef, allein unter seiner Ägide seien rund 100.000 Bahnjobs abgebaut worden und vergab das befremdliche Kompliment, es habe dabei »nie Streit mit den Gewerkschaften gegeben«.

Der Kahlschlag bei den Arbeitsplätzen wird oft damit begründet, es habe gleichzeitig enorme Fortschritte bei der »Produktivität je Beschäftigten« gegeben. Dies trifft nur zu einem kleinen Teil zu. Der Bundesrechnungshof hat 1999 vorgerechnet, dass die Einsparungen bei den Personalausgaben sich weitgehend mit den Mehrausgaben für den Zukauf von Fremdleistungen decken. Letztere erscheinen jedoch in der Gewinn- und Verlustrechnung nicht als Personalausgaben.

In Wirklichkeit ist mit dem Personalabbau ein flächendeckender Abbau von Service verbunden. Bei den Noch-Beschäftigten kam es zu einer weitreichenden, vielfach unerträglichen Arbeitsverdichtung. Teilweise sind Standards bei der Sicherheit des Schienenverkehrs berührt. Letzteres wurde in der gerichtlichen Aufarbeitung des Eisenbahnunglücks von Brühl vom Februar 2001 dokumentiert. Die Identifikation der Bahnbeschäftigten mit dem Unternehmen war noch nie so niedrig wie heute. Eine interne Unternehmenskultur ist jedoch für ein Dienstleistungsunternehmen ein wichtiger Produktivkraftfaktor. Der Arbeitsplatzabbau und die Arbeitsverdichtung sind Teil der schlechten Performance der Bahn.

***

Bei der Übergabe der »Gründungsurkunde« für die Deutsche Bahn AG führte deren erster Vorstandsvorsitzender, Heinz Dürr, aus: »Wie jedes größere Unternehmen ist auch die Deutsche Bahn AG eine gesellschaftliche Veranstaltung... Aber jetzt gilt auch für uns das alles entscheidende Kriterium, ob diese gesellschaftliche

Veranstaltung auch erfolgreich ist: Dass die Einnahmen größer als die Ausgaben sind; dass also Gewinn gemacht wird. Denn sozial ist ein Unternehmen nur, wenn es Gewinn macht. Anderenfalls greift es irgend jemand anderen in die Tasche. Und das ist unsozial.«

Unter den gegebenen Bedingungen des Verkehrsmarktes war und ist es völlig illusorisch, mit einer Bahn Gewinne einzufahren. Und es ist unzutreffend und daher demagogisch, wenn den vorausgegangenen Bahngesellschaften Bundesbahn und Reichsbahn unterstellt wird, sie seien »unsozial« gewesen, beziehungsweise sie hätten die ihnen zur Verfügung stehenden Mittel nicht wirtschaftlich eingesetzt. In Wirklichkeit verhält es sich umgekehrt. Im Zeitraum 1994 bis 2006 wurden so viele öffentliche Gelder in den Schienenverkehr gesteckt wie nie zuvor in der Geschichte der deutschen Eisenbahn. Gleichzeitig wurde damit ein ausgesprochen mageres, gemessen am Aufwand auch ein miserables Ergebnis erzielt.

4. Es gibt keinen Beschluss für eine Bahnprivatisierung. Oder: Es geht immer noch um das »Ob«

> *Bei der Anhörung im Bundestag zur Zukunft der Bahn geht es um eine zweitrangige Frage. Streiten werden die geladenen Experten vor allem darüber, ob das Schienennetz beim Unternehmen verbleiben soll, wenn es an die Börse geschickt wird. Wichtig ist aber, ob die Bahn überhaupt privatisiert werden soll... Bei der Bahn handelt es sich um ein Objekt, das für eine Privatisierung – vielleicht kurz nach dem Militär – am wenigsten geeignet ist.*
> Lucas Zeise, Financial Times Deutschland vom 9.5.2006

In der öffentlichen Debatte wird seit einigen Jahren so getan, als hätte es längst eine Entscheidung über eine Bahnprivatisierung – sei es in der Form eines »Börsengangs«, sei es in Form eines Verkaufs der Bahn an private Investoren – gegeben. Tatsächlich befindet sich die DB AG zu 100% im Eigentum des Bundes. Es gibt keinen Beschluss des Eigentümers, des Bundestags, dieses Eigentum aufzugeben. Es geht also in Wirklichkeit darum, ob dieses Eigentum aufgegeben werden soll. Es geht nicht primär um die Frage, »wie« eine Kapitalprivatisierung aussehen könnte.

Als Teil der Bahnreform wurde 1993 das Gesetz über die Gründung der Deutschen Bahn Aktiengesellschaft (DBGrG) beschlossen. Dort wird in § 8 festgehalten: »Die Bundesrepublik Deutschland wird ... alleinige Aktionärin der Deutschen Bahn AG.« Es gibt seitens des Souveräns, des Bundestags, keine Entscheidung, die dies revidiert. Was es gibt, sind Meinungsäußerungen von Parteien, von Verbänden, des Ex-Bundeskanzlers sowie der amtierenden Bundeskanzlerin und nicht zuletzt des Vorsitzenden der Deutschen Bahn AG, wonach es einen Börsengang der Bahn geben müsse. Selbstverständlich lassen sich die Beschlüsse zur Bahnreform so interpretieren, dass es auf eine Kapitalprivatisierung hinauslaufen würde. *Solche Interpretationen können jedoch eine Entscheidung in der Substanz nicht ersetzen.*

Der Kompromiss, der mit der Bahnreform 1993 eingegangen wurde, relativierte zwar die gemeinwirtschaftlichen Vorstellungen, wonach der Bund Verantwortung für Daseinsvorsorge, auch im Verkehrsbereich, trage. Dennoch wurde diese Position nicht völlig aufgegeben. Dies schlug sich im veränderten Grundgesetz nieder: Mit der Bahnreform wurde ein neuer Artikel 87e eingefügt. Er ersetzt den früheren Artikel 87, nach dem die Bundeseisenbahnen unter den Sachgebieten genannt wurden, die unter bundeseigener Verwaltung mit eigenem Verwaltungsunterbau stehen. Grundsätzlich stellt der neue Artikel 87e eine Öffnung für die organisatorische Umgestaltung der Bahn, für die Zusammenfassung von Reichsbahn und Bundesbahn in einer Aktiengesellschaft, dar. Er wird damit auch als ein Einfallstor für eine materielle Bahnprivatisierung interpretiert. Der Artikel ist allerdings zugleich Ausdruck des Spannungsfelds, in dem sich die Debatte um die Zukunft der Bahn bereits 1993 bewegte. Die aktuelle Interpretation geht vor allem davon aus, dass es eine »Infrastruktur-Gewährleistungspflicht« des Bundes geben würde und dass die Mehrheit der Anteile an einem Unternehmen, das auch die Schienenwegeinfrastruktur kontrolliert, beim Bund bleiben müsse. Tatsächlich heißt es in Abschnitt (3) dieses Artikels 87e, dass »die Mehrheit der Anteile« an einem Unternehmen, dessen »Tätigkeit ... den Bau, die Unterhaltung und das Betreiben von Schienenwegen umfasst«, »beim Bund (verbleiben)« müsse. Eben diese Verantwortung des Bundes für die Schienenwege wird auch bei der Interpretation des folgenden – vierten – Abschnitts betont. Liest man diesen im Wortlaut, so entdeckt man weit mehr: »Der Bund gewährleistet, dass dem Wohl der Allgemeinheit, insbesondere den Verkehrsbedürfnissen, beim Ausbau und Erhalt des Schienennetzes der Eisenbahnen des Bundes sowie deren Verkehrsangeboten auf diesem Schienennetz, soweit diese nicht den Schienenpersonennahverkehr betreffen, Rechnung getragen wird. Das Nähere wird durch Bundesgesetz geregelt.« Offensichtlich ist laut Grundgesetz der Bund auch dafür verantwortlich, dass es »auf diesem Schienennetz Verkehrsangebote« im Fernverkehr gibt, die »dem Wohle der Allgemeinheit, insbesondere den Verkehrsbedürfnissen ..., Rechnung« tragen. Nun stehen aber die Prinzipien eines privatkapitalistischen Eisenbahnbetriebs im Widerspruch zu der Vorgabe, Verkehrsangebote, die »dem Wohle der Allgemeinheit Rechnung tragen«, vorzuhalten. Insofern erscheint es sinnvoll, dass der Bund, dem Schlusssatz dieses Grund-

Hendrik Auhagen
Ein Kampf gegen Windmühlenflügel?

... diese Frage überschattete den Beginn der Kampagne gegen die Bahn-Privatisierung. Oft stießen wir auf die Haltung: »Die Privatisierung der Bahn ist doch längst beschlossen.«

Die meisten Zeitungen zeigten kein Interesse an Argumenten für eine öffentliche Bahn. Kein Interesse an der besten Bahn Europas, der öffentlichen Schweizer Bahn. Privatisierung sei »in«, selbst beim Desaster für die Fahrgäste wie in Großbritannien. Also stellt sich nur die Frage, *wie* privatisieren, nicht aber *ob*.

Als Grüner der 1980er Jahre stand ich auf dem rechten Realo-Flügel, weil ich Markt, Unternehmertum und Leistungsprinzip unter bestimmten sozialen Umständen durchaus etwas Positives abgewinnen konnte (und kann). Im Gegensatz zur damals dominierenden grünen Marktfeindlichkeit: Unterschiedslos wurden Konzerne und mittlere, sozial orientierte Unternehmer in einen Sack gesteckt und abgelehnt – Ideologie zählte, nicht Ergebnisse.

Genauso dogmatisch – nur mit umgekehrten Vorzeichen – herrscht heute *ein* Heilsprinzip: Privatkapitalistisch ist immer und überall das einzig Wahre! Unhinterfragbar. Wert an sich. Faktenlos richtig. In fast allen Parteien. Da werden gerade Hunderte von InterRegiowagen – noch im Bundesbesitz – vernichtet. Und alle, die sonst über Staatsverschwendung schimpfen, schauen zu. Desinteresse! Da verschwinden zwecks zukünftiger Renditesteigerung 37 Milliarden € bei der Gründung der DB AG – nette Petitesse. Da ist es eine Banalität, dass die günstig förderbaren Erdölvorräte demnächst zu Ende gehen – und kaum jemand protestiert gegen den gigantischen Rückbau des Schienennetzes hin zu einer Schrumpfbahn.

Ist es da überhaupt sinnvoll, den Kampf gegen diese übermächtige Apathie aufzunehmen? Ehrlicherweise: Es schwindelt mir, uns Handvoll Leute angesichts dieses Kräfteverhältnisses, angesichts der Zeit und Energie, die dieser Widerstand kostet. Angesichts der Apathie und Resignation, mit der so viele Abgeordnete und Journalisten ihre inneren Zweifel bei dieser größten Privatisierung der deutschen Geschichte wegdrücken. Nicht protestierten gegen die Zerstörung des beliebten InterRegios. Sondern eine Vertragsverlängerung für den Bahnchef Mehdorn akzeptierten, nachdem sein brutal durchgepeitschtes Preissystem mit einem Desaster endete.

Aber ist nicht genau das noch ein zusätzliches Argument? Wenn ohne Not, gegen jede Vernunft, ja ohne dringende finanzpolitische Begründung eine Entscheidung gegen massive innere Zweifel über das Knie gebrochen werden kann – was kann dann noch so einfach gegen die eigene Überzeugung durchgesetzt werden? Vielleicht ist

> sogar dieser Druck zur schnellen Entscheidung, diese gebetsmühlenartig behauptete Alternativlosigkeit in Wirklichkeit ein Zeichen für die Schwäche der Privatisierer. Zeichen für die Angst, die Öffentlichkeit könnte doch noch mitbekommen, in einem welch grotesken Missverhältnis – selbst aus privatisierungsfreundlicher Sicht – der Wert des öffentlichen Vermögens zum erwarteten Erlös steht: Maximal einmalig 10 Milliarden für ein Vermögen, das auf mindestens 130 geschätzt wird. Und das unter der Voraussetzung, dass der Bund jährlich weiter mehr als 10 Milliarden für die Schiene zahlen muss.
>
> Wir sind überzeugt: Wenn diese Zahlen der breiten Öffentlichkeit bekannt werden, dürfte die Koalition in eine Legitimationskrise schlittern. Dann könnte dieser wohl bisher dreisteste Versuch der Plünderung öffentlichen Eigentums zum Fiasko werden – für die totalitäre Marktideologie, die von immer mehr Menschen abgelehnt wird.
>
> *Hendrik Auhagen* ist Mitglied in der Kampagnen-Koordination »Bahn für alle«.

gesetz-Artikels folgend, verpflichtet wäre, mit gesetzlichen Vorgaben zu regeln, dass es zum Beispiel auch im Fall einer Privatisierung weiterhin ein ausreichendes Verkehrsangebot in dem zitierten Sinne gibt. Allerdings wurde in den vergangenen zwölf Jahren nicht das hier erwähnte »Bundesgesetz«, das »das Nähere regelt«, verabschiedet. Und bisher hat niemand, der für die materielle Privatisierung der Deutschen Bahn plädiert, vorgeschlagen, begleitend eben dies zu tun. Doch genau dies läuft darauf hinaus, dass ein privater Eigentümer einer Bahn, der aus Rentabilitätsgründen radikal Zugverbindungen streicht, sich auf seine unternehmerische Freiheit berufen wird, auch wenn er zugleich gegen die zitierten allgemeinen Grundgesetz-Vorgaben verstößt. In dem Werk zur deutschen Eisenbahngeschichte von Lothar Gall und Manfred Pohl wird dann auch ein solches Resümee gezogen: »Alleiniger Eigentümer der Holding der Deutschen Bahn AG ist weiterhin der Bund. Die materielle Privatisierung bleibt möglich. Ihre Ingangsetzung ist aber eine politische Entscheidung.«

Verdrängte Diskussion über die Bahnreform 1993/94

Noch kritischer in der Frage der Privatisierung hatten sich die großen Parteien, die die Bahnreform trugen, positioniert. In der Debatte zur Bahnreform wurde die Position, wonach die Bahnreform in absehbarer Zeit in einen »Börsengang« oder in eine »materielle Kapitalprivatisierung« der Deutschen Bahn AG münden würde, von *keinem* maßgeblichen Vertreter aus den Reihen der CDU/CSU oder der SPD vertreten. Diese Minderheitsposition wurde teilweise von der FDP eingenommen. Die PDS stand auf der anderen Seite der Skala und sah in der Bahnreform, die sie ablehnte, bereits einen ersten Schritt zur Privatisierung. Auch die Grünen, die sich heute als Vorreiter für eine materielle Privatisierung der DB AG ohne Netz präsentieren, vertraten damals eine entgegengesetzte Position. So wurde 1993 in einem programmatischen Faltblatt dieser Partei einerseits vor dem Weg in Richtung Desintegration und materielle Privatisierung gewarnt und andererseits ausdrücklich festgestellt, dass die Grünen eine Privatisierung der Bahn ablehnen: »Eine Reform der Unternehmensverfassung der Bahnen (Bundesbahn und Reichsbahn) ist sicher notwendig. Die Umwandlung in eine Aktiengesellschaft ... ist ein Schritt in die richtige Richtung... Aber die Bonner Pläne gehen noch weiter: Zwar wird zunächst eine Aktiengesellschaft gegründet, jedoch lediglich als sogenannte Holding-Gesellschaft. Unter ihrem Dach sollen eigene Gesellschaften für den Fahrweg und für den Betrieb gebildet werden. Weitere Aufspaltungen sind möglich ... Und nach einer mehrjährigen Schamfrist ist der Verkauf der Bahngesellschaften an Privatunternehmen vorgesehen... *Einen Verkauf von Teilen der Bahn lehnen DIE GRÜNEN jedoch ab. Die Bahn muss Eigentum des Bundes bleiben!* Ebenso wichtig ist die Sicherung der sozialen Standards der Beschäftigten.«

Auf Seiten der Umweltverbände, des VCD und der im Bahnbereich aktiven Gewerkschaften gab es 1992/93 zwar Zustimmung zu Teilen der Bahnreform. Vielfach überwog jedoch auch die Kritik bzw. es wurde vor den Folgen gewarnt. Der VCD kritisierte, dass es mit der Bahnreform zu »großflächigen Streckenstilllegungen kommen« würde. Er sollte Recht behalten. Derselbe Verkehrsverband formulierte seine umfassende Kritik wie folgt: »Die im geplanten Gesetz über die Gründung einer Deutschen Bahn AG vorgesehene Verpflichtung, spätestens drei Jahre nach Gründung der Bahn AG die Bereiche Personenverkehr und Güterverkehr in eigene Aktiengesellschaften ... auszugliedern, ... wird unweigerlich zu Mehrkosten und Angebotsverschlechterungen führen. Die bisherige gemeinsame Nutzung von Lokomotiven, Werkstätten und Anlagen sowie der wechselseitige Personaleinsatz haben Synergieeffekte möglich gemacht. Auch die nichtbundeseigenen Bahnen sind, wo immer möglich, so vorgegangen. Eine Trennung in Personen- und Güterverkehr wird daher vom VCD abgelehnt.«

Der Fahrgastverband Pro Bahn argumentierte ähnlich: »Aufgrund der engen Verflechtung trägt gerade die Zusammenarbeit beider Bereiche (Personen- und Güterverkehr; W.W.) wesentlich zur Wirtschaftlichkeit des gesamten Unternehmens Bahn bei.«

Die Umweltorganisation BUND schrieb in einer Stellungnahme vom 13. Januar 1993: »Es ist nicht einzusehen, warum die Eisenbahngesellschaft zerstückelt werden soll, während in anderen Bereichen von einem europaweiten Denken, von Integration, von Synergieeffekten durch Zusammenlegung die Rede ist.«

Auch die Gewerkschaft der Eisenbahner Deutschlands GdED (später Transnet) begrüßte einerseits die Bahnreform. Andererseits wurde ein Verkauf der DB AG an private Eigner abgelehnt. So heißt es in einer GdED-Publikation vom Sommer 1993: »Nach dem Grundgesetz ist derzeit der Bund Eigentümer der Bundesbahn und der Reichsbahn. Die vorgeschlagene Änderung des Grundgesetzes ... gibt dem Bund die Möglichkeit, sein Alleineigentum an der Bundeseisenbahn aufgeben. ... Würde sich der Bund darauf beschränken, Daseinsvorsorge mittelbar dadurch zu betreiben, dass er einer in Privatbesitz befindlichen Bahn Aufträge erteilt und Fördermittel gewährt ..., hätte er ... nur geringen Einfluß auf die unternehmerischen Entscheidungen bis hin zur Frage des Umfangs und Bestands des Unternehmens.«

Eine prinzipiell ablehnende Haltung nahm der Vorsitzende der Bahnbeamtengewerkschaft GDBA ein. Robert Dera formulierte 1992: »Das Desaster der Bahn ist nicht durch die öffentliche Trägerschaft und nicht durch das Beamtenrecht verursacht worden. Versagt haben auch nicht die Beamten, Arbeiter und Angestellten der Bahn. Versagt hat der Bund, und zwar wirtschaftlich in seinen Pflichten als Eigentümer.« Die Gewerkschaft Deutscher Lokomotivbeamter und Anwärter (GDL) mit deren Vorsitzenden Manfred Schell stellte 1993 kurz und bündig fest: »Eine Privatisierung der Bahn wird abgelehnt.«

Der Kontrast zu den heute eingenommenen Positionen springt ins Auge. Der VCD formulierte z.B. im Februar 2006 mit Blick auf das neue Gutachten zum Bahnbörsengang die Frage: »Spräche aus Gutachtersicht etwas gegen den kurzfristigen Verkauf der Transportgesellschaften der DB AG?« VCD und der Fahrgastverband pro Bahn treten heute für eine Bahnprivatisierung ohne das Netz ein. Die Gewerkschaften Transnet und GDBA unterstützen heute im Großen und Ganzen die Position des Bahnvorstands, der eine materielle Privatisierung der Deutschen Bahn AG mit Netz fordert. Der BUND und die GDL blieben ihren Positionen von 1993 weitgehend treu und lehnen auch im Jahr 2006 jede Form einer materiellen Bahnprivatisierung ab.

Die Parteien CDU/CSU, SPD und Bündnis 90/Die Grünen, die 1993 für die Bahnreform, jedoch nicht für eine Aufgabe des öffentlichen Eigentums an der Bahn waren, haben ihre Positionen von 1993 stillschweigend aufgegeben und argumentieren heute so, als würde sich ein Bahnbörsengang logisch aus der Bahnreform ergeben. Die FDP mag für sich reklamieren, bereits 1993 für die Zerschlagung der Bahn und für deren Privatisierung gewesen und somit konsequent geblieben zu sein. Die Fraktion Die Linke kann Vergleichbares geltend machen – mit umgekehrten Vorzeichen: Die PDS sah 1993 die Gefahr, dass die Bahnreform in die Privatisierung münden würde und lehnte sie daher ab. Die Fraktion Die Linke sieht ihre damalige Kritik bestätigt und lehnt auch heute jede Art einer Bahnprivatisierung ab.

Die Frage, was sich denn 2006 anders darstelle als 1993 und weswegen die vielen guten Argumente, die damals gegen jede Form einer materiellen Privatisierung und gegen alle Formen einer Aufspaltung der Bahn vorgetragen wurden, heute nicht mehr Gültigkeit haben würden, ist leicht zu beantworten. In der Substanz hat sich nicht nur nichts geändert. Die damals vorgetragenen Kritikpunkte haben bereits vielfache Bestätigung gefunden, wie im vorausgegangenen Kapitel dargelegt wurde.

Was sich gedreht hat, ist der Wind. 1994, nur vier Jahre nach der Wende, war die Position, das Gemeinwohl und den Sozialstaat zu verteidigen, noch nicht völlig aus dem öffentlichen Diskurs verschwunden. Doch heute reden alle davon, dass Privatisierung an sich gut sei. Die Erfinderin des TINA-Arguments war Maggy Thatcher, die auch die erste Bahnprivatisierung in Europa vorbereitete. Doch die stupide Feststellung »There is no alternative – Es gibt keine Alternative!« war, ist und bleibt falsch und aus Sicht der Menschen und der Umwelt kontraproduktiv.

5. Die Bahnprivatisierung als geschichtliche Zäsur

Ohne aktiven Schutz der Umwelt ist unser modernes Leben nicht möglich. Veolia Environment versorgt als Partner der Kommune und Industrie weltweit 108 Millionen Menschen mit einwandfreiem Trinkwasser und behandelt das anfallende Abwasser. Außerdem werden 57 Millionen Tonnen Abfälle umweltgerecht entsorgt. Im Nah- und Fernverkehr befördern wir mehr als 2,5 Milliarden Menschen sicher und pünktlich an ihr Ziel. Der industrielle Partner im Dienst der Umwelt. Veolia Environment

> aus einer ganzseitigen Anzeige, die im Juni 2006 in vielen deutschen Tageszeitungen veröffentlicht wurde

Ich frage, wie es mit meinem Anschluss in Y. aussieht. Der Schaffner zieht einen Block aus der Brusttasche und studiert ihn eine Weile, Blättert hin und her, wobei er schwer atmet und besorgt blickt. Er ist ein wenig übergewichtig. Dann stopft er den Block wieder in die Tasche und sagt, dass es nicht klappen wird, leider, leider. Es sind verschiedene Gesellschaften, die die unterschiedlichen Linien betreiben, und man stehe nicht mehr in der Pflicht, auf verspätete Züge zu warten.

> Hakan Nesser, Die Schatten und der Regen (Skuggorna och regnet), 2004

Spätestens als Anfang 2006 das Gutachten »Privatisierungsvarianten der Deutschen Bahn AG ›mit und ohne Netz‹ (PRIMON)« von Booz Allen Hamilton vorgelegt und im Bundestag zur maßgeblichen Grundlage für die weiteren Debatten über die Bahn-Zukunft gemacht wurde, steht fest: Jetzt geht es konkret um die materielle Privatisierung der Bahn. Diese stellt einen viel tieferen Einschnitt als die Bahnreform dar. Das wurde bereits mit dem britischen Beispiel vorexerziert. Der Verkauf des Bundeseigentums an der Deutschen Bahn AG – oder großer Teile desselben – an private Investoren würde eine geschichtliche Zäsur im deutschen Eisenbahnwesen darstellen – mit erheblichen Auswirkungen auf ganz Europa.

Seit die genannte Studie vorgelegt wurde, wird vor allem über unterschiedliche Formen einer Kapitalprivatisierung debattiert. Das Gutachten hat fünf solcher »Privatisierungsvarianten« entwickelt und geprüft. Doch diese Art der Debatte ist verwirrend und offensichtlich darauf angelegt, den Kern des Problems zu verhüllen. Tatsächlich ist ein Verkauf des öffentlichen Eigentums an der Deutschen Bahn AG in *allen* seinen Varianten mit gravierenden, teilweise verheerenden Konsequenzen für den Schienenverkehr verbunden. Fünf von ihnen werden im Folgenden dargestellt.

Konsequenz 1:
Ausverkauf von gesellschaftlichem Eigentum

Die deutschen Eisenbahnen wurden in ihrer ersten Phase rund ein halbes Jahrhundert lang überwiegend als private, kapitalistische Gesellschaften betrieben. Es erwies sich allerdings, dass sich eine kurzfristige Orientierung auf Profitmaximierung, die mit dieser Unternehmensform strukturell verbunden ist, wenig für die Zielsetzungen eines flächendeckenden, effizienten und preiswerten Schienensystems eignen würde. Nachdem es zuvor bereits viele staatliche Länderbahnen – so in Bayern, Württemberg, Baden und Preußen – gegeben hatte, kam es mit der Gründung des Deutschen Reiches 1871 zu einem beschleunigten Prozess der Verstaatlichung bestehender Eisenbahnen und zum Bau neuer, in öffentlicher Regie betriebener Strecken. Der Zusammenbruch vieler privater Eisenbahngesellschaften in der Wirtschaftskrise 1873 beschleunigte diese Entwicklung. Ende des 19. Jahrhunderts befand sich die große Mehrheit der deutschen Eisenbahnen in öffentlichem Eigentum. 1919, mit der Gründung der Reichsbahn, war der Prozess der »Entprivatisierung des deutschen Eisenbahnsektors« beendet. Die Eisenbahnen erlebten als Unternehmen in öffentlichem Eigentum ihren organisatorischen und kulturgeschichtlichen Höhepunkt. Sie demonstrierten damals ihre enormen finanziellen Möglichkeiten – u.a., indem sie die staatlichen Kassen mitfinanzierten. 1895 machten die Gewinne der preußischen (staatlichen) Eisenbahnen mehr als die Hälfte der gesamten Einnahmen des Staates Preußen aus. Mitte der 1920er Jahre musste die Reichsbahn sogar für die Kriegsschulden, die aus dem Versailler Vertrag resultierten und die die Weimarer Republik nicht mehr bezahlen konnte, aufkommen.

Nach dem Krieg wurde die Eisenbahn in Deutschland ebenso geteilt wie das Land. Die DDR-Reichsbahn und die westdeutsche

Bundesbahn mussten die massiven Kriegsschäden überwiegend aus eigenen Ressourcen überwinden. Es gelang ihnen erneut, im jeweiligen Transportsektor eine strategische Position zu erringen.

Das Vermögen, das die seit 1990 wiedervereinigten deutschen Eisenbahnen heute darstellen, ist vergegenständlicht in Schienentrassen mit einer Gesamtlänge von 35.000 Kilometern und in 5.500 Bahnhöfen. Im Personenverkehr gibt es 11.000 Triebwagen, 2.000 Lokomotiven und 10.000 Reisezugwagen. Im Güterverkehr liegen die Kapazitäten bei knapp 3.000 Lokomotiven und 160.000 Waggons.

Das gesamte Vermögen der Bahn – Infrastruktur und rollendes Material – wird in seriösen Quellen auf einen Wert von 100 bis 150 Milliarden Euro geschätzt.

In krassem Gegensatz hierzu veranschlagt die Bundesregierung als mögliche Einnahmen im Fall eines »integrierten Börsengangs« nur 10 bis 15 Milliarden Euro – was nur einem Bruchteil des realen Werts entspricht. Selbst wenn es nur zu einem Verkauf des Bahnbetriebs kommt und dabei das Netz beim Bund bleibt, so wird in seriösen Expertisen der Wert des »rollenden Materials« auf 20 bis 30 Milliarden Euro geschätzt. Doch die Bundesregierung erwartet bei einem Verkauf des reinen Schienentransport-Sektors lediglich Einnahmen von 4 bis 7 Milliarden Euro. Erneut entsprechen die erwarteten Einnahmen nur einem Bruchteil des tatsächlichen Werts. Zum Vergleich: Der Chemiekonzern Bayer zahlte im Juni 2006 17 Milliarden Euro für den – relativ kleinen – Pharmahersteller Schering – rund doppelt so viel, wie der Bund beim Verkauf der um ein Vielfaches größeren und wertvolleren Bahn erlösen will.

Nun gibt es eine Reihe von Argumenten, mit denen der Verkauf des Bundeseigentums an der DB AG schmackhaft gemacht und das Argument des »Ausverkaufs« relativiert werden soll. So heißt es, die Kapitalprivatisierung der DB AG sei wichtig, weil sie einen wesentlichen »*Beitrag zur Haushaltssanierung*« darstelle. Das ist unwahr. Selbst die genannten, bereits niedrigen erwarteten Einnahmen aus dem Verkauf des Bundeseigentums an der DB AG sind weitgehend fiktiv. Die bestehende Deutsche Bahn AG ist, wie beschrieben, hoch verschuldet. Die Verkaufserlöse des Bundes sollen ganz oder weitgehend im neuen – dann privaten – Unternehmen als »frisches Kapital« verbleiben.

Karl-Dieter Bodack
Unterwertverkauf

Die DB hat in ihrer Eröffnungsbilanz 1994 das Anlagevermögen um 43 Mrd. Euro reduziert und seither die durch zinslose Darlehen und Baukostenzuschüsse des Bundes erstellten Anlagen wertmäßig nicht bilanziert. Nach der Bundeshaushaltsordnung dürfen »Vermögenswerte nur zu ihrem vollen Wert veräußert werden«. Ermittelt man den »vollen«, d.h. realen Wert der DB AG auf der Basis der im PRIMON-Gutachten genannten Werte, so ergibt sich eine Größenordnung von 100 Mrd. Euro als Wert allein für die Bahnsparte des integrierten Konzerns. Bei erwarteten Kapitalrenditen von 8% müssten die Schienenverkehre 8 Mrd. Euro Gewinn abwerfen: Beim aktuellen Umsatz von 16 Mrd. Euro ist dies völlig ausgeschlossen!

Um diese tatsächliche »Börsenuntauglichkeit« – die für alle vergleichbaren Bahnen zutrifft – umzukehren, sehen die DB AG und die Gutachter vor, die durch Bundesmittel erstellten Anlagen nicht zu bewerten, de facto also zu »verschenken«. Daraus resultieren Werte für einen 49%-igen Verkauf des Netzes mit Schienen- und Logistiksparten von nur 5,0 bis 13,2 Mrd. Euro. Ich kann nicht erkennen, wie der Bundestag und die Bundesregierung – nach Investitionen von über 100 Mrd. Euro in das Bahnnetz – vor den Bürgern und dem Gesetz rechtfertigen wollen, Vermögenswerte von über 10 Mrd. Euro zu verschenken und damit zu »erreichen«, dass – bedingt durch die Kapitalinteressen der neuen Miteigentümer – erhebliche Risiken und materielle Verschlechterungen in der Versorgung mit Bahndiensten entstehen. Die Bahnen der Nachbarländer schaffen in staatlichem Besitz höhere Verkehrsleistungen, gemessen in Personenkilometer/Einwohner, als die DB AG. Bundesbahn und Reichsbahn hatten trotz teilweise miserabler Zustände im Netz und Fahrzeugpark 1993 höhere Leistungen im Personenfernverkehr als die DB AG nach zehn Jahren massiver Investitionen.

Alle Varianten des Börsengangs schaffen erhebliche Risiken und bieten keine realen Chancen für mehr Verkehr auf der Schiene und für eine Reduktion der staatlichen Leistungen. Die DB AG muss überhaupt nicht und sollte nicht verkauft, erst recht nicht verschenkt werden – stattdessen bieten sich als Alternativen:

1. Die Bundesregierung sollte als Eigentümer dafür sorgen, dass die DB AG eine mitarbeiterzentrierte und kundenorientierte Unternehmenskultur entwickelt.
2. Zur Sanierung des Bundeshaushalts sollten alle Großprojekte der DB AG überprüft werden, da es für sie Alternativen gibt, die ein Einsparungspotenzial von insgesamt bis zu 10 Mrd. Euro möglich erscheinen lassen.

> 3. Zum Abbau der hohen Verschuldung könnten die Transportsparten, die die DB AG in den USA und im Fernen Osten erworben hat, verkauft werden.
> 4. Werden die bislang mit Bundesmitteln erstellten Anlagen bilanziell erfasst, kommt die DB AG wieder in die Lage, Anleihen begeben zu können, die wesentlich weniger »kosten« als die Renditen potenzieller Investoren.
> 5. Bahn-Kunden könnten damit Mitwirkungsmöglichkeiten bei der Angebotsgestaltung eingeräumt werden.
>
> Ich war mit anderen Kollegen der Bundesbahn beauftragt, das Ausbesserungswerk Weiden in eine GmbH umzuwandeln. Dies gelang. Binnen weniger Jahre erreichte die daraus gegründete PFA GmbH gute Gewinne. Das Unternehmen wurde verkauft, geriet über die ersten Eigentümer in den Besitz der »Alpha-Bravo-Investment«, die es ausschlachtete und in den Konkurs trieb: Tausend Arbeitsplätze wurden vernichtet. Die Vermögenswerte, Arbeitsplätze und auch die Sozialstandards der DB AG haben »Eisenbahner« in generationsübergreifender Arbeit geschaffen: Bundestag und Bundesregierung haben eine hohe Verantwortung gegenüber diesen Menschen – ich kann mir nicht vorstellen, dass ein wie immer gearteter Verkauf dieser Verantwortung gerecht werden kann.
>
> *Prof. Karl-Dieter Bodack* war viele Jahre lang für die Bundesbahn und Deutsche Bahn aktiv und gilt als Erfinder des InterRegio. Der Text ist ein Auszug aus seinem Referat am 10. Mai 2006 als Sachverständiger in der ersten Anhörung des Verkehrsausschusses des Bundestags zum Thema »Kapitalprivatisierung der Deutschen Bahn AG«.

Sodann wird argumentiert, eine Kapitalprivatisierung bringe zumindest zukünftig eine *Entlastung des Bundeshaushalts* mit sich. Tatsächlich sehen alle Privatisierungsmodelle vor, dass parallel mit der Kapitalprivatisierung eine für rund zehn Jahre festgeschriebene »Leistungs- und Finanzierungs-Vereinbarung – LuFV« abgeschlossen wird. In dieser sollen die jährlichen Unterstützungsleistungen für das Schienennetz in einer Höhe festgelegt und gesetzlich verpflichtend vereinbart werden, wie sie auch in den vergangenen Jahren in das Netz flossen. Die Höhe der Regionalisierungsgelder für den Nahverkehr steht ohnehin fest. Das aber heißt: Die möglicherweise erzielbaren kurzfristigen Einnahmen durch den Verkauf des Bundeseigentums an der Deutschen Bahn AG oder eines Teils desselben an private Investoren werden bereits im ersten Jahr bei weitem übertroffen durch die

Unterstützungsleistungen, die der Schiene – und nunmehr in erheblichem Maß den privaten Anteilseignern – zufließen würden.

Schließlich wird argumentiert, die Deutsche Bahn AG würde im Fall einer Kapitalprivatisierung »*Zugang zu frischem Kapital*« erhalten. Das Gegenteil ist der Fall. Eine privatisierte Deutsche Bahn AG hätte zunächst ein deutlich niedrigeres Kredit-Rating als die DB AG in Bundesbesitz; jede Form der Aufnahme von Fremdkapital käme teurer, da nunmehr der Staat Bundesrepublik Deutschland nicht mehr als guter Schuldner gesehen wird. Sodann würden private Investoren darauf drängen, zur Erzielung der erwarteten Rendite Werte aus dem Unternehmen herauszuziehen, anstatt dem Unternehmen neues Kapital zuzuführen.

Bilanz: Die Bahnprivatisierung stellt eine Verschleuderung gesellschaftlichen Eigentums und eine neuerliche Bereicherung weniger privater Investoren auf Kosten der Allgemeinheit dar. Für die öffentliche Hand bringt sie finanziell keine Vorteile. Sie kostet die Steuerzahlenden sogar mehr als die bisherige Bahn in öffentlichem Eigentum. Eine Bahnprivatisierung ist aus demokratischen und kulturgeschichtlichen, aber auch aus ökonomischen Gründen strikt abzulehnen.

Konsequenz 2: Bahnprivatisierung als Teil des Abbaus von Daseinsvorsorge

Daseinsvorsorge heißt, dass elementare Güter wie Ausbildung, Bildung, Energie- und Wasserversorgung, Altersvorsorge und Mobilität möglichst allen Menschen in gleichem Umfang zur Verfügung stehen. Ein Garant ist das öffentliche Eigentum an den entsprechenden Einrichtungen und Unternehmen. Eine Privatisierung läuft immer darauf hinaus, dass nicht mehr die Sache – Gebrauchswerte, Dienstleistung, flächendeckende Infrastruktur, Bahn für alle –, sondern allein der Profit der Eigentümer – der Kapitalanleger oder »Investoren« – im Zentrum steht. Die Parallelen zwischen den unterschiedlichen Vorgängen von Abbau der Daseinsvorsorge und Privatisierungen sind offenkundig. Es ist wohl kein Zufall, dass der wichtigste Betreiber privater Bahnen in Europa und in Deutschland das Unternehmen Connex ist. Connex ist eine Tochter des Konzerns Veolia. Veolia wiederum ist in Europa der größte Betreiber privatisierter Wasserwerke.

Alle Modelle eines Bahn-Börsengangs sind damit verbunden, dass private Investoren ganz oder in erheblichem Maße darüber bestimmen, wie die Bahn und der Schienenverkehr sich entwickeln. Auch bei der Hereinnahme von Minderheitsaktionären (z.B. 49% Anteile von privaten »Investoren«) würden diese in erheblichem Maß mitentscheiden. Die damit verbundene Orientierung an der Rendite hat konkrete Auswirkungen, die den allgemeinen Zugang zu diesem Verkehrsmittel deutlich erschweren (siehe Konsequenz 4).

Die Fremdbestimmung kann auch noch in anderer Hinsicht im Widerspruch zur gebotenen Förderung der Schiene stehen. Das ist dann der Fall, wenn Investoren einsteigen, die dem Schienenverkehr widersprechende Interessen vertreten. Da der Verkehrsmarkt zu 80 bis 90% vom Straßen- und Flugverkehr bestimmt ist, ist diese Art Fremdbestimmung naheliegend. In Großbritannien sind heute Busverkehrsgesellschaften (StageCoach, Arriva) und (Billig-)Flugverkehrsunternehmen (Virgin) Eigentümer privater Bahnbetreiber. Im Fall der DB AG war die Lufthansa als privater Investor im Gespräch. Bei der SNCF hat sich jüngst Air France als möglicher Betreiber des TGV zu Wort gemeldet. Es liegt auf der Hand, dass solche Investoren vor allem ein Interesse an ihrem Kerngeschäft haben und den Eisenbahnverkehr nur dort mit Engagement betreiben werden, wo dieser nicht ihrem wesentlichen Interesse widerspricht. Diese Fremdbestimmung kontrastiert mit der Tatsache, dass der Schienenverkehr weiterhin in erheblichem Umfang auf staatliche Unterstützungsleistungen angewiesen ist. Somit werden im Fall einer Bahnprivatisierung Steuermittel eingesetzt, um private Investoren zu alimentieren. Die Bahnprivatisierung verstößt in doppeltem Sinn gegen das Gebot der Nachhaltigkeit und Zukunftsfähigkeit: Ein zentrales Instrument zur sinnvollen Lenkung der Verkehrsentwicklung wird aus den öffentlichen Händen gegeben und dem ausschließlichen Diktat der Profitmaximierung unterworfen. Gleichzeitig wird festgelegt, jährlich bis zu zehn und mehr Milliarden Euro an Steuergeldern für eine Förderung der privaten Bahneigentümer auszugeben.

Bilanz: Das Projekt Privatisierung der Bahn ist Teil der weltweiten neoliberalen Offensive zum Abbau von Daseinsvorsorge und zur Zurückdrängung des öffentlichen Sektors. Ein entscheiden-

der Mobilitäts-Dienstleister, die Bahn, soll in Zukunft primär nach Kriterien der Rendite und des Profits der Eigner betrieben werden. Ausgerechnet in Zeiten wachsender Umweltbelastung und bedrohlicher klimatischer Veränderungen gibt die öffentliche Hand ein Schlüsselelement im Verkehrssektor aus der Hand.

Konsequenz 3: Die Schiene wird im Personenverkehr zum Nischenanbieter

Als Ziel für eine Kapitalprivatisierung wird angeführt, die Schiene müsse ihren Anteil im Verkehrsmarkt erhöhen. Dasselbe Ziel wurde bereits 1994 bei der Bahnreform formuliert – und dann deutlich verfehlt. Im Fall der materiellen Privatisierung der Bahn ist die Vorhersage, dass es auch in diesem Fall so kommen wird, leichter zu begründen, als dies 1994 der Fall war.

Die vorliegenden Gutachten, die der Bahnprivatisierung zugrunde liegen (Morgan Stanley 2002 und Booz Allen Hamilton/PRIMON 2006) gehen davon aus, dass das Schienennetz erneut deutlich reduziert wird. Im PRIMON-Gutachten heißt es dazu mit Blick auf den bereits zitierten Grundgesetzartikel 87e: »Mit dem Gewährleistungsauftrag (Infrastruktur-Gewährleistung laut Grundgesetz; W.W.) ist auch eine Verkleinerung des gegenwärtigen Bestandsnetzes vereinbar, soweit hierdurch nicht die Funktionsfähigkeit des Netzes insgesamt in Frage gestellt wird. ... Eine Verpflichtung des Bundes zur Aufrechterhaltung des Status quo oder gar zur Herstellung einer flächendeckenden optimalen Eisenbahnstruktur ist (dem Grundgesetz) ... nicht zu entnehmen.«

Im Gespräch sind 5.000 km, die beim bestehenden Schienennetz zu reduzieren seien. Interessant ist im Übrigen der Verweis im PRIMON-Gutachten, wonach »die Funktionsfähigkeit des Netzes« nicht in Frage gestellt werden dürfe. Genau dies ist bereits der Fall. Gemessen an den Anforderungen an einen modernen Eisenbahnverkehr stellen die bisherigen Kappungen des Netzes bereits deutlich dessen Funktionsfähigkeit in Frage. Eine weitere Reduktion um 5.000 km auf dann weniger als 30.000 km Gesamtlänge heißt, dass der Stand von 1875 erreicht wird. Bereits die unterstellte weitere Kappung des Netzes wird mit einem deutlichen Rückgang des Schienenverkehrs verbunden sein. Die allgemeine Ausrichtung an einer hohen Rendite, also die Konzentration auf rentable Verbindungen, verstärkt diese Tendenz. Tatsächlich gibt es im PRIMON-Gutachten kein einziges Privatisierungsmodell, für das ein wachsender Anteil der Schiene im Verkehrsmarkt prognostiziert wird. In allen Modellen soll der Schienenpersonennahverkehr weitgehend auf dem erreichten Niveau verharren. Dabei sind die beschlossenen Kürzungen der Regionalisierungsmittel noch nicht berücksichtigt. Selbst hier muss also mit Anteilsverlusten gerechnet werden. Der Schienenpersonenfernverkehr soll in allen diskutierten Modellen sogar absolut rückläufig sein. Hier ist noch nicht berücksichtigt, dass es eine Liberalisierung im EU-weiten Buslinien-Verkehr geben soll und dies zu einer erbitterten Konkurrenz Busse gegen Schiene führen muss. Dabei wird die Schiene unter den gegebenen Marktbedingungen zusätzliche Verluste erleiden. Lediglich im Schienengüterverkehr soll es laut diesem Gutachten unter spezifischen Bedingungen zu Anteilsgewinnen kommen (siehe Kapitel 7).

Dass die Schiene im Fall einer Kapitalprivatisierung im Verkehrsmarkt weiter an Boden verlieren wird, geht bereits aus der Tatsache hervor, dass alle Privatisierungsmodelle von einer weiteren deutlichen Kappung des Netzes ausgehen. In einem Verkehrsmarkt, in dem für das Straßennetz und für die Infrastruktur des Luftverkehrs ein weiterer Ausbau vorgesehen sind, muss ein gleichzeitiger Rückbau der Schienenverkehrsinfrastruktur zu einem weiteren deutlichen Anteilsverlust der Schiene führen.

Bilanz: Die Bahnprivatisierung führt zu einem weiteren Rückgang des Schienenverkehrs. Die damit einhergehende Netzamputation gefährdet die Netzbildung selbst. Die Bahnprivatisierung wird demnach mit einem Argument »verkauft«, das bereits heute erkennbar unwahr ist.

Konsequenz 4: Bahnprivatisierung als Teil der verschärften sozialen Ausgrenzung

Öffentliches Eigentum soll in der Regel auch den Schutz der Menschen garantieren, die in der kapitalistischen Gesellschaft »schwach« sind bzw. in einer schwachen Position gehalten werden. Wasser in öffentlichem Eigentum bedeutet, dass dieses als Allgemeingut und als elementares Lebensmitteln allen zu Gute kommen und daher einen niedrigen Preis haben muss. Öffentliche Verkehrsmittel haben eine vergleichbare Bedeutung für

Johannes Hauber
Die Bahn muss im Besitz des Bundes bleiben

Die aktuelle Diskussion zur Zukunft der Deutschen Bahn AG dreht sich um die Frage, ob es einen Börsengang mit oder ohne Netz gibt. Doch das ist die falsche Alternative. Es gibt eine dritte Position, die vor allem aus Sicht der Fahrgäste und der Arbeitnehmerinnen und Arbeitnehmer bei der Bahn und in der Bahnindustrie sinnvoll ist: Die Deutsche Bahn muss im Besitz des Bundes bleiben.

Wir haben im Oktober 2004 den Branchenausschuss Bahnindustrie der IG Metall neu konstitutiert. In diesem Bereich sind hierzulande rund 150.000 Menschen beschäftigt. Am 14. und 15. Februar 2006 führten wir in Berlin eine Konferenz durch, an der mehr als 100 Betriebsräte teilnahmen. Übereinstimmend wurde ein Börsengang der Bahn, gleich in welcher Form, abgelehnt.

Die Gründe dafür sind naheliegend: Die Erfahrungen mit den Privatisierungen ehemals staatlicher Unternehmen sind aus Sicht der Arbeitnehmer, der Gewerkschaften und der Verbraucher negativ. Das trifft zu auf Telekom, Post, Postbank, auf ehemals kommunale Stadtwerke, Wasserwerke, E-Werke, Gasversorger und Reinigungsbetriebe. Überall kam es zum Kahlschlag bei den Arbeitsplätzen, zu massiver Arbeitsverdichtung, zu einer Zunahme der prekären Jobs. Und meist auch zum Abbau von Service, zum Rückzug aus der Fläche und vor allem zu Verteuerungen der Leistungen.

Wir sind als Gewerkschafter auch gesellschaftspolitisch gefordert. Alle reden vom Klimaschutz und von Nachhaltigkeit. Es liegt auf der Hand, dass ein Verkauf der DB AG an private Investoren die erforderliche Verkehrspolitik »von der Straße auf die Schiene« erschwert, wenn nicht verhindert. Umgekehrt ist das öffentliche Eigentum am Schienennetz und bei einem großen Teil des Bahnbetriebs eine erste Voraussetzung dafür, dass eine wirksame, nachhaltige Verkehrspolitik zur Förderung der Schiene betrieben wird. Dass das zur Zeit bei der DB AG in Bundeseigentum viel zu wenig stattfindet, steht auf einem anderen Blatt. Sicher aber ist: Nur ein öffentliches Eigentum ermöglicht die notwendige Steuerung.

Hier ist ein Blick auf die innergewerkschaftliche Debatte wichtig. Die Gewerkschaft Transnet, die im Bahnbereich führend ist, tritt für ein »integriertes Unternehmen Bahn« ein. Sie hat eine Kampagne begonnen unter dem Motto »Schütze Deine Bahn«. Sie bekämpft aber nicht – oder nicht eindeutig genug – einen Börsengang der Bahn als integriertes Unternehmen.

Motto und Orientierung auf eine integrierte Bahn sind gut. Wir sprechen uns auch strikt dafür aus, dass die Bahn als Gesamtsystem erhalten bleibt. Eine Trennung von Streckennetz und Betrieb ist auch

> aus unserer Sicht schädlich für die Interessen der Beschäftigten und für den Bahnbetrieb selbst. Doch wer A sagt, muss auch B sagen. Es ist noch kein Jahr her, da durften selbst gestandene Sozialdemokraten verkünden, dass die privaten »Investoren« Heuschrecken seien, die über Unternehmen herfallen und alles kahl fressen. 35.000 km Trassen, 5.500 Bahnhöfe, riesige Gelände in Citylagen, jährlich rund zehn Milliarden Euro staatlicher Unterstützungsleistungen für das Gesamtsystem Schiene – das sind doch ideale Voraussetzungen für ein Fressgelage ganzer Heuschreckenschwärme. Eine integrierte Bahn unter Kontrolle privater Eigner wird erst recht zu einem massiven Abbau der Beschäftigtenzahlen und perspektivisch auch zur Zerlegung des Unternehmens führen.
>
> Wir, die Beschäftigten im Bereich Bahntechnik, sind daran interessiert, dass die Kampagne »Bahn für alle« in den Gewerkschaften und bei den Beschäftigten im Bahnbereich ebenso wie in der Bahntechnik die erforderliche Unterstützung findet.
>
> *Johannes Hauber* ist Betriebsratsvorsitzender des führenden Bahntechnikherstellers Bombardier Transportation in Mannheim, Vorsitzender des Europäischen Betriebsrates Bombardier und Mitglied im Geschäftsführenden Ausschuss des Branchenausschusses Bahn bei der IG Metall.

Mobilität: Die Beweglichkeit als Allgemeingut muss gratis oder zu einem niedrigen, akzeptablen Preis zu haben sein (optimal ist zum Beispiel, wenn alle wichtigen Mobilitätsziele vom Wohnort aus zu Fuß erreicht werden können). Angesichts einer vom Auto dominierten Gesellschaft heißt dies auch, dass Verkehrsmittel in öffentlichem Eigentum eine preislich erschwingliche Alternative darstellen müssen. Und sie müssen für alle und grundsätzlich überall zur Verfügung stehen.

Eine Privatisierung der Bahn bedeutet das Gegenteil: Ein privater Investor oder Eigentümer darf gar nicht als erstes die Sache – die Dienstleistung – im Blick haben. Für ihn zählt allein die Rendite. Er will auch nicht irgendeine, akzeptable Rendite. Die Konkurrenz zwingt ihn, die maximale Rendite aus seiner Kapitalanlage herauszuschlagen.

Derzeit liegt die Kapitalrendite der DB AG – der Gewinn bezogen auf das eingesetzte Kapital (ROCE = Return on Capital Employed) – offiziell bei zwei bis drei Prozent. Doch Kapitalrenditen liegen heute generell mindestens beim Vierfachen; im Dienstleistungsbereich oft noch deutlich höher. Jeder private Investor bei der DB AG wird daher allen erdenklichen Druck ausüben, diese aus seiner Sicht unzumutbar niedrige Rendite deutlich zu erhöhen. Die von ihm dann bezogene Rendite stellt einen Abzug von den Mitteln dar, die im Fall eines öffentlichen Betriebs für Investitionen bzw. den Betrieb zur Verfügung stehen. Allein die anvisierte Rendite-Steigerung von rund 500 Millionen, die im Jahr 2005 bei der DB AG erzielt wurden, auf 2 Milliarden im Jahr 2009, heißt, dass bis zu 1,5 Milliarden Euro im Jahr zusätzlich an private Investoren fließen sollen, die anderenfalls für die Schiene zur Verfügung gestanden hätten.

Dies wurde 2001 vom damaligen Vorstandsvorsitzenden der französischen Staatsbahn SNCF, François Gallois, wie folgt auf den Punkt gebracht:

»Die Frage der Privatisierung stellt sich (in Frankreich) nicht, weil sie politisch nicht gewünscht wird. Die Franzosen wünschen mehrheitlich, dass wir ein öffentliches Unternehmen bleiben ... Und ich füge hinzu: Wenn man einen Aktionär hereinnimmt, muss die Rentabilität des eingesetzten Kapitals sichergestellt sein. Das ist nicht der Fall: Mit unseren Gewinnen müssen wir die Investitionen finanzieren ... Im Übrigen wollen wir zeigen, dass ein Staatsunternehmen genauso effizient sein kann wie ein privates, gleichzeitig aber auch die Aufgaben des öffentlichen Dienstes erfüllen kann.«

Dies lässt sich am Beispiel des InterRegio konkretisieren. Diese Zuggattung war in weiten Bereichen kostendeckend. Für eine Bahn in öffentlichem Eigentum ist es machbar, einen Zug dieser Art in großem Umfang einzusetzen. Für eine Verkehrspolitik mit strukturpolitischen und umweltpolitischen Zielsetzungen gebietet sich solch ein Projekt sogar. Doch ein Bahnmanagement, das bereits auf die Börse und auf hohe Renditen schielte, setzte dem IR auch aus diesem Grund ein Ende. Für einen privaten Investor hätte er von vornherein auf der Abschussliste gestanden. Wer auf acht und mehr Prozent Rendite abzielt, für den sind nur kleine Reste des jetzigen Schienennetzes und einige stark gefragte Züge relevant.

Bei einer Bahn, die von privaten Investoren bestimmt wird, werden die meisten negativen Tendenzen, die wir in den vergangenen zwölf Jahren beobachten konnten, verstärkt werden: Es kommt noch mehr als bisher zu einer Konzentration auf Hochgeschwindigkeitsverkehr und zu einem Abbau der Bahn in der Fläche. Die Bahnpreise werden sich perspektivisch verteuern bzw. eine Bahn, die zu einem vernünftigen Preis »einfach bestiegen« werden kann, wird immer seltener. Stattdessen muss im Voraus reserviert werden und als Ergänzung gibt es »Schnäppchenpreise«. Als preiswertes, spontan nutzbares Allgemeingut für Mobilität steht diese Bahn immer weniger zur Verfügung.

Damit werden Millionen Menschen noch mehr als bisher auf Auto und Flugzeug angewiesen sein. Das heißt gleichzeitig, dass Menschen unter 18 Jahre (im Amtsdeutsch: Menschen im »nicht Führerschein befähigten Alter«) von Mobilität weiter ausgegrenzt bzw. als Mitfahrende auf andere angewiesen sind. Finanziell Schwache oder ökologisch bewusst lebende Menschen, die kein Auto haben, werden ausgegrenzt. Behinderte Menschen werden in ihrer Mobilität noch mehr als bisher eingeschränkt. Die verallgemeinerte Autogesellschaft hat auch einen geschlechtsspezifischen Aspekt: Frauen werden in ihrer Mobilität weit stärker eingeschränkt als Männer (auf Grund der geschlechtsspezifischen Verteilung des Besitzes von bzw. der Verfügung über Pkw).

Bilanz: Mobilität für alle ist eine Grundvoraussetzung für Menschenwürde. Die Bahnprivatisierung begrenzt die Mobilität von Millionen. Sie wirkt sozial ausgrenzend.

Konsequenz 5: Zerstörung von weiteren 100.000 gesellschaftlich sinnvollen Arbeitsplätzen

Heute gibt es in ganz Europa noch rund 1,3 Millionen Arbeitsplätze bei den Bahnen und in der Bahntechnik-Industrie. Bereits im Zeitraum 1995 bis 2005 wurden mehr als 750.000 Arbeitsplätze in Europa in diesen Bereichen zerstört. Allein in der BRD kam es, wie in Kapitel 3 beschrieben, in diesen Sektoren zum Abbau von 200.000 Arbeitsplätzen. Es gibt kein anderes Gebiet in Europa, auf dem es zu einer derart brutalen und – in Relation zu der Gesamtzahl gesehen – großen Vernichtung von Arbeitsplätzen kam. Während der Abbau von einigen Zehntausend Jobs in der europäischen Autoindustrie lautstark beklagt wird, während sogar Arbeitsplätze im Rüstungsbereich verteidigt werden, wird der Abbau von Arbeitsplätzen bei den Bahnen vielfach als »Sparmaßnahme« gefeiert.

Eine Bahnprivatisierung wird weitere Zehntausende Jobs in den Bereichen Bahn und Bahntechnik zerstören. Sie wird zu einem noch stärkeren Sozialdumping führen. Bereits heute zahlen die privaten Bahnbetreiber ihrem Personal oft 25 bis 30% weniger als die Deutsche Bahn AG, die sich ihrerseits – insbesondere bei DB Regio – längst ebenfalls am Sozialdumping beteiligt. Nach Berechnungen von Transnet sind bei spezifischen Modellen der Bahnprivatisierung bis zu 80.000 Arbeitsplätze gefährdet. Der Berliner Finanzsenator Thilo Sarrazin, der zugleich Sachverständiger in der ersten Anhörung zur »Kapitalprivatisierung der DB AG« im Verkehrsausschuss des Bundestags war, kam auf 60.000 Bahnarbeitsplätze, die bei allen Varianten der Bahnprivatisierung auf der Streichliste stehen könnten. In der Bahntechnik befürchten viele, eine privatisierte Bahn könnte – wie dies die DB AG bereits 2005 und 2006 mit Blick auf einen Börsengang tat – die Investitionen drastisch reduzieren und weitere Tausende Arbeitsplätze gefährden. In der Summe könnten es bis zu 100.000 Arbeitsplätze sein. Erinnert sei daran, dass es sich 1994 niemand vorstellen konnte, dass die Arbeitsplätze im Bahnbereich in nur zwölf Jahren halbiert werden würden.

Schon heute zeichnet sich ein weiterer Einschnitt ab: Die DB AG hat die Ausschreibung von neuen IC-Wagen und Diesellokomotiven aufgehoben. Sie fährt damit das IC-Netz als Auslaufbetrieb. Wenn in etwa fünf Jahren die Lebenszeit dieser Fahrzeuge zu Ende geht, gibt es – nach aktuellem Stand – keinen Ersatz. Die neuen Fahrzeuge müssten nach den bisherigen Erfahrungen zunächst als Prototypen gebaut und länger erprobt werden, bevor sie in Serie und in den Großeinsatz gehen.

Der absehbare fortgesetzte drastische Abbau von Arbeitsplätzen bei der Bahn und in der Bahntechnik kostet letzten Endes die öffentliche Hand weitere Milliarden Euro – in Form der Finanzierung von Arbeitslosigkeit und Armut. Bei der Bahn wird es zu einem verstärkten Abbau von Service, zu einer weiteren Gefährdung von Sicherheitsstandards und zu einem neuerlichen Tiefpunkt bei der inneren Unternehmenskultur der Beschäftigten führen.

Bilanz: Eine Bahnprivatisierung zerstört im Bahnbereich und in der Bahntechnik viele Zehntausende Arbeitsplätze, die gesell-

schaftlich sinnvoll und strategisch wichtig sind. Der Abbau dieser Jobs wiederum reduziert erneut die Attraktivität der Eisenbahn.

***

Die fünf negativen Konsequenzen, die mit *jeder* Bahnprivatisierung verbunden sind, machen deutlich: Dieses Projekt kennt nur einen Gewinner: die privaten Investoren, auch Heuschrecken genannt. Die Verlierer sind die Fahrgäste, die öffentliche Hand, Umwelt und Klima. Oder auch: Aus Sicht der Fahrgäste, der öffentlichen Hand und der Steuerzahlenden gibt es keinen einzigen sachlichen Grund, der für eine Bahnprivatisierung sprechen würde. Oder, wie es der Senator für Finanzen des Landes Berlin, Dr. Thilo Sarrazin, bei der ersten Anhörung zur Kapitalprivatisierung der Deutschen Bahn AG am 10. Mai 2006 sagte: Bei der Bahnprivatisierung handelt es sich um ein »ideologisches Thema«; im Herbst 2006 sei »eine politische Entscheidung« gewollt. Man könne mit der bestehenden Bahn »komfortabel wie bisher weiter fahren«. Doch dies sei »eben nicht gewollt«. Wobei die Privatisierung natürlich nicht nur eine fixe Idee, nicht pure »Ideologie« ist. Hinter dem Projekt stecken handfeste materielle Interessen (siehe auch Kapitel 7).

6. The good, the bad and the ugly
Oder: Falsches Spiel mit drei Modellen

Aus taktischen Überlegungen heraus stellte das Bundesverkehrsministerium anfänglich fünf Organisationsvarianten für die künftige Bahnstruktur nach einer Bahnreform zur Diskussion (...): 1. Fortführung eines modifizierten Status quo; 2. Errichtung von Aktiengesellschaften für den Transport, wobei aber der Fahrweg in öffentlicher Trägerschaft verblieben wäre; 3. Gründung einer einzigen Aktiengesellschaft aus Deutscher Bundesbahn und Deutscher Reichsbahn, aber nach den Sparten Fahrweg, Gütertransport und Personentransport rechnerisch und organisatorisch getrennt; 4. eine Holding, bestehend aus einer Transport-AG und einer Fahrweg-AG; 5. drei selbständige Aktiengesellschaften für Fahrweg, Personenverkehr und Güterverkehr.

Hans-Peter Schwarz über »Wiedervereinigung und Bahnreform 1989-1994«

Anfang 2006, zum Auftakt der materiellen Privatisierung der Bahn, wurde »aus taktischen Überlegungen heraus« offensichtlich zum gleichen Verfahren gegriffen wie 1992, im Vorfeld der Bahnreform. Auch das im Auftrag des Bundestags erstellte PRIMON-Gutachten präsentierte fünf verschiedene Modelle einer Bahnprivatisierung. Vor dem Hintergrund der Vielzahl der Varianten, die angeblich ernsthaft zu debattieren seien, ging weitgehend die Frage unter, ob bzw. warum denn überhaupt zu privatisieren sei. Die Variante »Status quo plus«, eine verbesserte Bahn in öffentlichem Eigentum, wurde weder in dem Gutachten präsentiert noch in breiterem Umfang diskutiert.

Stattdessen konzentrierten die Sachverständigen und maßgebliche Vertreter von CDU/CSU, SPD, FDP und Bündnis 90/Die Grünen ihre Kritik auf die Variante 1, den »integrierten Börsengang«. Auf der anderen Seite der Skala stand »Variante 5«, die völlige Trennung von Netz und Bahnverkehr, die vor allem von FDP und Bündnis 90/Die Grünen favorisiert wird. Offensichtlich wurden hier zwei Pappkameraden aufgebaut.

Ende Juni 2006 erklärten führende Vertreter der Koalitionsparteien CDU/CSU und SPD, es würden »nur noch zwei Varianten näher untersucht«: das »Integrationsmodell« (»Privatisierung in der jetzigen Form«, also Privatisierung von Transport und Netz) und das »Eigentumsmodell«. Das letztere, in der Nummerierung der PRIMON-Varianten die Nr. 2, war bis dahin nirgendwo breiter debattiert worden. Es wurde nun wie das Kaninchen aus dem Zylinder hervorgezaubert. Berücksichtigt man neben der Debatte in der Großen Koalition die Positionen der Oppositionsparteien FDP und Bündnis 90/Die Grünen, dann gibt es im parlamentarischen Raum bei denen, die für eine materielle Privatisierung der Bahn eintreten, drei Positionen: (1) Privatisierung als »integriertes Unternehmen«, (2) strikte Trennung von Netz und Transport und (3) das »Eigentumsmodell«. Alle Privatisierungsmodelle haben die fünf verheerenden Konsequenzen, die im vorausgegangenen Kapitel genannt wurden. Die drei spezifischen Modelle, die gewissermaßen das Finale der Debatte bestimmen, sollen hier ergänzend und getrennt diskutiert werden, zumal sie mit spezifischen negativen Konsequenzen verbunden sind.

1. Privatisierung des integrierten Unternehmens

In der Öffentlichkeit wurde im ersten Halbjahr 2006 zunehmend argumentiert, das Modell eines »integrierten Börsengangs«, wie die Bezeichnung ursprünglich lautete, sei vom Tisch. Gemeint ist der Verkauf von bis zu 49% des Bundeseigentums an der Deutschen Bahn AG an private Investoren. Die Begrenzung auf 49% ergibt sich aus dem zitierten Inhalt von Artikel 87e Grundgesetz und der Tatsache, dass bei diesem Modell das Netz mit Teil des Privatisierungsprozesses ist. Für das Modell »Privatisierung als integriertes Unternehmen« engagieren sich maßgebliche Kräfte. Es wird propagiert vom Top-Management der Bahn, zumindest zeitweilig auch indirekt von Transnet, der größten Bahngewerkschaft, und in der Bundesregierung zeitweilig vom Bundesverkehrsminister und vom Bundesfinanzminister. Für diese Variante hat sich auch das führende Investmenthaus Morgan Stanley stark gemacht. Selbst EU-Kommissar Günter Verheugen erklärte Ende Mai 2006 anlässlich der Eröffnung des Berliner Hauptbahnhofs, *alle* debattierten Modelle zur Kapitalprivatisierung der Deutschen Bahn seien mit dem EU-Recht kompatibel, also auch dasjenige der Privatisierung des integrierten Unternehmens.

Halten wir fest: Das Modell einer Privatisierung als »integriertes Unternehmen DB AG« ist geeignet, den größtmöglichen Schaden für das System Schiene anzurichten. Das Spekulationspotenzial ist hier mit Abstand das größte, vor allem hinsichtlich der involvierten Immobilien und Trassen. Das Erpressungspotenzial eines privaten Aktionärs, auch wenn er »nur« mit 49% oder weniger an der DB AG beteiligt wäre, gegenüber dem Bund ist enorm. Des weiteren würde es sich hier um eine kaum mehr rückholbare Entscheidung handeln. Der Bund müsste im Fall des erforderlichen Rückkaufs des Netzes mit Kosten in Höhe von Dutzenden Milliarden Euro rechnen. Der Aspekt »Unterwertverkauf«, der im Gutachten von Prof. Karl-Dieter Bodack bei der ersten Anhörung und im vorausgegangenen Kapitel dargelegt wurde, würde im Fall dieses Modells ein besonderes Gewicht erhalten. Die erzielbaren Einnahmen würden weit weniger als ein Zehntel dessen ausmachen, was das integrierte Unternehmen Deutsche Bahn AG an Werten verkörpert.

Die von der Gewerkschaft Transnet vertretene These, wonach diese Form einer Privatisierung mehr Sicherheit für die Arbeitsplätze bei der Bahn bieten würde, ist nicht nachvollziehbar. Ein starker Minderheitsaktionär kann, um die erwartete Rendite zu erzielen, mit Erfolg darauf drängen, dass nach der Kapitalprivatisierung größere Teile des Unternehmens weiterverkauft werden und somit das »integrierte« Unternehmen zerschlagen wird.

2. Trennung von Netz und Transport

Auf der Gegenseite wird, vor allem seitens FDP und Bündnis 90/Die Grünen, die Position einer strikten Trennung von Netz (Infrastruktur) und Transport vertreten. Diese bietet, so die Argumentation ihrer Vertreter, auf zwei Gebieten Vorteile: Erstens bleibt das Netz beim Bund. Damit würde man der Kritik Rechnung tragen, wonach es keinen Ausverkauf und keine »irreversiblen Entscheidungen« geben dürfe. Zweitens gäbe es bei diesem Modell einen »belebenden Wettbewerb«, was dem Schienenverkehr insgesamt zugute kommen würde. Hier wird in der Regel auf aktuelle Beispiele im Nahverkehr verwiesen.

Die besonderen Nachteile dieses Modells liegen zunächst just auf diesen zwei Ebenen: Die Trennung von Netz und Transport und ihre Zusammenfassung in rechnerisch und juristisch getrennte Unternehmen bringt zweifellos Verluste bei der Synergie und Probleme hinsichtlich der erforderlichen Sicherheit im Schienenverkehr mit sich. Kritiker dieses Modells verweisen darauf, dass es nirgendwo auf der Welt erfolgreich betrieben wird und in der Eisenbahngeschichte niemals mit Erfolg angewandt wurde. Im Grunde ist das Konzept »Trennung von Netz und Transport« eine konstruktive Krücke, um eine wirksame Aufteilung des Schienenbetriebs, auch Zerschlagung genannt, vornehmen zu können. Nur diese Zielsetzung spricht für ein solches Modell.

Sodann – und das betrifft den zweiten behaupteten Vorteil – gilt: In einer Netzstruktur wie dem Schienenverkehr ist der Begriff Wettbewerb eine Schimäre. Das gilt insbesondere für die Vorstellung von einem »belebenden Wettbewerb«, also einer dadurch ausgelösten Steigerung der Fahrgastzahlen, des Verkehrsaufkommens, d.h. einer Verteilung des Transportaufkommens (modal split) zu Gunsten der Schiene.

Der eigentliche Wettbewerb im Verkehrssektor findet zwischen Straße, Flugverkehr und Schiene, im Güterverkehr ergänzt um die Binnenschifffahrt, statt. Innerhalb des Systems Schiene gibt es von der Sache her gesehen einen solchen Wettbewerb nur begrenzt. Die Struktur des Schienenverkehrs gebietet es, dass auf einem Schienenstrang auf einer bestimmten Verbindung zu einem bestimmten Zeitpunkt in der Regel ein einziges Unternehmen verkehrt; Überholvorgänge sind weitgehend ausgeschlossen. Denkbar ist noch, dass zwei Unternehmen in genau abgesprochenem Rhythmus eine Strecke bedienen. In der Praxis bewerben sich mehrere Unternehmen um *Konzessionen zum alleinigen Betreiben einer bestimmten Strecke oder eines bestimmten Netzes für einen längeren Zeitraum*. Damit findet also per Definition das Gegenteil von Wettbewerb statt: Vereinbart wird, dass in dem Zeitraum, für den die Konzession vergeben wird, *Konkurrenz ausgeschlossen* wird. Es werden zunächst regionale Monopole oder Streckenmonopole oder Monopole für spezifische Verkehre vereinbart. Die Natur des Prozesses der Kapitalkonzentration führt dann in der Regel dazu, dass wenige Jahre später wenige private Oligopolisten den Markt beherrschen.

Die Diktate privater Monopole sind jedoch in der Regel weit schmerzhafter und für die Kundschaft deutlich teurer als der (mögliche) Monopolanspruch eines staatlichen Unternehmens. Vor allem ist man dem Monopolgebaren privater Betreiber aufgrund der Eigentumsgarantien weitgehend ausgeliefert, wohingegen ein Betreiber, der sich in öffentlichem Eigentum befindet, zumindest theoretisch über Parlamente usw. direkt beeinflussbar und kontrollierbar sein müsste (siehe dazu Kapitel 9).

Ein Vergleich zwischen den Erfahrungen im Nahverkehr, wie er sich nach der Bahnreform entwickelte, ist nur begrenzt aussagekräftig. Der Nahverkehr wird, wie bereits in Kapitel 3 dargestellt, bis zu zwei Dritteln über die Regionalisierungsgelder staatlich finanziert. Die Länder als Bestellende und Finanzierende können hier präzise Auflagen machen, was sie für ihr Geld an Leistung erbracht haben wollen. Die in Zukunft anstehende materielle Privatisierung betrifft aber vor allem den Schienenpersonenfernverkehr und den Güterverkehr (zu letzterem siehe Kapitel 7). Diese beiden Segmente werden jedoch eigenwirtschaftlich – ohne direkte staatliche Unterstützungen – betrieben. Die Netz AG schreibt derzeit eine schwarze Null – trotz erheblicher staatlicher Gelder, die in sie fließen. Ein Netz in Bundeseigentum würde die derzeitigen Trassengelder kaum deutlich senken können, da dann das reale Defizit im Netz noch weit höher sein würde, als dies mit der abverlangten »Leistungs- und Finanzierungs-Vereinbarung – LuFV« und den dort verankerten jährlichen staatlichen Investitionen in das Schienennetz bereits festgeschrieben wird.

Unter diesen Bedingungen werden die ersten Maßnahmen eines privaten Eigentümers oder Investors einer reinen Transportgesellschaft DB AG darin bestehen, alle Angebote im Schienenfernverkehr auf ihre Rentabilität zu durchforsten. Die Folge wäre ein deutlicher Abbau der Angebote. Dafür spricht, dass auch bei diesem Modell das Netz um rund 5.000 km gekappt werden soll. Das heißt, es kommt zum Gegenteil eines »belebenden Wettbewerbs«. Allerdings könnten private Transportgesellschaften gegenüber dem Bund bzw. einzelnen Bundesländern konkrete Angebote machen, unter welchen Bedingungen sie einen Schienenverkehr auf einzelnen Strecken weiter anbieten würden. Das aber heißt, dass in solchen Fällen zusätzliche öffentliche Mittel erforderlich wären bzw. erpresst werden könnten.

Die Privatisierungsvariante strikte Trennung von Netz und Transport ist mit einem zusätzlichen, schwerwiegenden Nachteil verbunden: Je mehr private Betreiber es gibt, desto seltener gibt es einen einheitlichen Fahrplan und einheitliche Tarife, desto buntscheckiger ist der entsprechende *Flickenteppich*. Ein durchgängiges Buchen einer Bahnfahrt über weite Strecken wird immer schwieriger. Verallgemeinerte Rabattsätze sind kaum mehr möglich. Die BahnCard50 wird noch weiter entwertet.

Nun verlangen beispielsweise die Grünen, der VCD und der Fahrgastverband pro Bahn Regelungen zur Garantie eines einheitlichen Fahrplanes und eines einheitlichen Preissystems. Solche Wünsche kann man endlos äußern. Tatsache ist, dass sie keine Realisierungschance haben. Vielmehr fördern sie die Tendenz, die Privatisierung mit einigen Placebo-Pillen durchzuwinken.

Im Grunde handelt es sich hier nicht um ein abstraktes Privatisierungsmodell, sondern um die Realität in Großbritannien heute. Dort tummeln sich, wie beschrieben, seit 1994 im Transportbereich ausschließlich private Betreiber. Das Netz hingegen befindet sich in staatlicher Regie, wenn auch erst seit 2002, nachdem die 1994 gebildete private Netzgesellschaft Railtrack gescheitert war. Und die Bilanz des britischen Beispiels ist weiterhin negativ. Die Kritik bezieht sich inzwischen gerade auf die Trennung von Netz und Betrieb. Simon Jenkins schrieb hierzu in »The Times«: »Lassen Sie es mich nochmals deutlich sagen: Die vertikale Integration eines Eisenbahn-Betriebs ist existenziell. Wenn jemand, der einen Zug betreibt, nicht auch über den Unterhalt seines Streckennetzes, die Signalanlagen, den Fahrplan, die Länge der Bahnsteige, die Zuggrößen und damit einen Großteil seiner fixen Kosten bestimmen kann, dann wird er seinen Betrieb allein am kurzfristigen Profit orientieren und den Schwarzen Peter im Fall des Scheiterns an jemand anderen weiterreichen. Vergleichbares trifft auf die Manager der Infrastruktur zu.«

3. Das Eigentumsmodell

Diese Privatisierungs-Variante sieht eine formelle Trennung von Netz und Transport vor: Das Netz wird aus der DB AG herausgetrennt und bleibt im Besitz des Bundes. Doch die materiell zu privatisierende DB AG wird über eine Art Generalvertrag allein zuständig bleiben für den Unterhalt und die Bewirtschaftung des Netzes. Zu letzterem soll auch die Kontrolle über die Investitionen in das Netz gehören. Da es bei dieser Variante einen engen Zusammenhang zwischen der Transportgesellschaft DB AG und dem formell staatlichen Netz geben wird, darf – so die im PRIMON-Guachten vertretene Auffassung – die DB AG nur zu 49%

in das Eigentum von privaten Investoren übergehen. Dieses Modell hat scheinbar Charme. Es bietet sich als eine Art »kleineres Übel« an. So wird es auch verkauft – als ein Modell, das es – im genannten Spektrum der Privatisierungs-Befürworter – allen Recht macht: Das Netz bleibt staatlich: Es wird keine »irreversible Entscheidung« getroffen! Der Transport ist zwar weitgehend privatisiert. Doch es gibt die Klammer »Generalvertrag«, die DB AG und Netz verbindet. Das Top-Management und die Gewerkschaftsführung von Transnet geben sich versöhnt: keine Zerschlagung des Konzerns! Das Konzept weist im Übrigen einige Parallelen zu dem Modell auf, wie es in Frankreich praktiziert wird: Die SNCF ist eine reine Transportgesellschaft. Es gibt jedoch einen Generalvertrag zwischen SNCF und der Infrastrukturgesellschaft RFF, wonach die SNCF allein für die Bewirtschaftung des Netzes verantwortlich ist. Das französische Modell hat hierzulande eher einen guten Ruf. Bei wichtigen Grunddaten ist es dem Modell DB AG deutlich überlegen. Der TGV gilt als Erfolgsbeispiel.

Zunächst sind bei dem Eigentumsmodell drei Fragen zu klären, deren Beantwortung seinen Charme bereits erheblich lädieren dürfte.

Erstens: Ist die neue, staatliche Infrastrukturgesellschaft nur identisch mit der Netz AG? Oder: Wo verbleiben die in der AG Station & Service zusammengefassten rund 5.500 Bahnhöfe? Bleiben letztere bei der teilprivatisierten DB AG, dann verbleiben bei dieser wertvolle Gebäude und Hunderte Filet-Immobilien in Citylagen, in die in den letzten 150 Jahren umgerechnet Dutzende Milliarden öffentliche Gelder flossen.

Zweitens: Was ist mit den »falsch verbuchten Immobilien«? Im Mai 2006 wurde nach Untersuchungen des Bundesrechnungshofs bekannt, dass die DB AG eine nicht näher bekannte Zahl wertvoller Bahnhöfe und Trassen nicht, wie seit 1999 gesetzlich erforderlich, bei den Infrastrukturgesellschaften Netz AG und AG Station und Service bilanzierte. Stattdessen wurden diese der Holding DB AG zugeschlagen. Dies trifft zu auf die Hauptbahnhöfe in Frankfurt am Main und in Hamburg sowie auf die Trassen im Verlauf des neuen Berliner Hauptbahnhofs. Es dürfte sich hier nur um die Spitze eines Eisbergs handeln. Otto Wiesheu vom Bahnvorstand erklärte am 1. Juni 2006 vor dem Verkehrsausschuss des Deutschen Bundestages auf eine entsprechende Frage, dass

»bei allen 21er Projekten« so verfahren worden sei, auch bei solchen Projekten, die erst intern als mögliche »21er Projekte« gehandelt worden seien. Gemeint sind eine größere Zahl von Projekten mit umfassenden Bahnhofs-Neugestaltungen wie »Stuttgart 21«, München 21«, »Frankfurt/M. 21«. Selbst wenn die falsch bilanzierten Infrastrukturobjekte noch rechtzeitig vor der materiellen Privatisierung der DB AG »umgebucht« werden sollten, bleibt der Tatbestand, dass dann sieben Jahre lang (1999 bis 2006) Einnahmen der DB Holding zuflossen, die eigentlich dem Netz oder Station & Service hätten zufließen müssen, dass also die Netz AG und Station & Service entsprechend unterfinanziert sind.

Drittens: Die DB AG unter Hartmut Mehdorn verpackte im Netz eine Giftpille: 15 Milliarden Euro Verbindlichkeiten von insgesamt 25 Milliarden Euro Bahnschulden lasten auf der Netz AG. Wenn das Netz herausgetrennt und als beim Bund verbleibende Gesellschaft weiter geführt wird, dann übernimmt der Bund 60% der gesamten Schulden, die die DB AG im Zeitraum 1994 bis 2006 anhäufte. Es kommt innerhalb von zwölf Jahren zu einer zweiten Entschuldung. Allein die Übernahme dieser Bahnschulden läge bei dem Doppelten dessen, was der Bund laut PRIMON-Gutachten mit einem Verkauf von 49% der (Rest-)DB AG erzielen könnte.

Der entscheidende Kritikpunkt an diesem Privatisierungsmodell lautet: Dieses wird sich in der Praxis kaum von der Privatisierung des integrierten Unternehmens unterscheiden. Durch den beschriebenen langfristigen Generalvertrag bleibt die teilprivatisierte DB AG faktisch Herr über das Netz. Sie wird nicht nur Wartung und Unterhalt, sondern weitgehend auch die Investitionstätigkeit im Netz kontrollieren. Der Bund, der bisher bereits eine DB AG, die sich zu 100% in Bundeseigentum befand, nicht kontrollieren konnte, weil er sie nicht kontrollieren wollte, wird in Zukunft erst recht nicht eine teilprivatisierte DB AG mit einer Bundesgesellschaft Netz, die eng mit dieser DB AG verbandelt ist, kontrollieren. In die Netzgesellschaft werden jährlich zwei bis drei Milliarden Euro für Investitionen fließen, die ebenfalls weitgehend von der DB AG kontrolliert werden dürften. Schließlich soll die DB AG auch über einen großen Teil der Netzeinnahmen, die Trassengelder, verfügen. Im PRIMON-Gutachten heißt es hierzu: »Trassenentgelte erhebt die DB Netz AG. Sie verbleiben zum Teil im DB-Konzern, unter anderem zur Deckung von Instandhaltungskosten. Zum Teil gehen sie als Nutzungsentgelt an die Eisenbahninfrastruktur-Eigentumsgesellschaft (des Bundes).«

Das Eigentumsmodell wird sich im Wortsinn als ein großer Verschiebebahnhof für gewaltige Transfers an öffentlichen Geldern erweisen. Hier hinkt auch der Vergleich mit dem bisherigen französischen Modell: Bei diesem ist der Staat bei *beiden* Gesellschaften alleiniger Eigentümer. Bei einem nach dem »Eigentumsmodell« gestalteten deutschen Schienensektor würde es jedoch bei der DB AG einen starken privaten Investor als Minderheitsaktionär – oder mehrere private Minderheitsaktionäre – geben, die aus dieser Position heraus auf die DB AG und über den genannten Pachtvertrag auf das Netz maßgeblichen Einfluss nehmen würden. Sollte das »Eigentumsmodell« dennoch kritisch hinterfragt werden, so ist für diesen Fall bereits vorgesorgt: mit dem »Eigentumsmodell – Gestaltungsvariante«, dem dritten Privatisierungsmodell im PRIMON-Gutachten. In diesem Modell werden Aufgaben wie die Trassenvergabe und die Investitionsplanung der Netzgesellschaft, die in Bundeseigentum verbleibt, zugeordnet. Gleichzeitig heißt es im PRIMON-Gutachten, dass bei dieser Privatisierungsvariante mit ihrer relativen Trennung von Netzgesellschaft und Rest-DB AG die DB AG sofort oder perspektivisch zu 100% privatisiert werden kann und es keinen Verfassungs-Vorbehalt geben würde.

Das Entscheidende beim Eigentumsmodell besteht darin, dass man auf eine schiefe Ebene gerät und am Ende alle Formen einer Radikalprivatisierung vorstellbar sind. In diesem Sinne äußerte Horst Friedrich, der verkehrspolitische Sprecher der FDP, zu diesem Modell: »Das ist ein erster wichtiger Schritt. An der FDP soll das nicht scheitern.« Die Public Relation dieser Art Bahnprivatisierung ist durchdacht – und an Hollywood orientiert. Der gesamten Operation liegt das Standard-Drehbuch von »the good, the bad and the ugly« zugrunde. Das Gute, das Eigentumsmodell, gewinnt seinen Charme nur vor dem Hintergrund von »the bad and the ugly«. Die Tatsache, dass fast alle Nachteile, die die Modelle von »the bad and the ugly« hatten, auf »the good« ebenfalls zutreffen, wird bei dieser Art künstlicher Konfrontation ausgeblendet. Vor allem aber führt diese Scheinkonfrontation dazu, dass die entscheidende Fragestellung aus dem Blickfeld gerät: Warum überhaupt privatisieren?

7. Die USA als Blaupause für den EU-Verkehr

Leider ist die Europäische Union ... in den Händen der Europäisten, die ihre Zukunft vollständig an die EU gebunden haben... Für diese Leute, die in Venedig frühstücken, in Dublin Mittag essen und am Abend in Stockholm dinieren, gilt Kunderas »Unerträgliche Leichtigkeit des Seins«: Für die ist das ein Paradies, das sie verteidigen müssen. Aber die normalen Leute müssen dagegen sein.
Vaclav Klaus, Präsident der Tschechischen Republik, März 2005

Die Europäische Union ist in der Frage der konkreten Verfasstheit der Eisenbahnen nach eigenen Aussagen neutral: Ob Eisenbahnen privatkapitalistisch oder in öffentlichem Eigentum befindlich sind, sei, so die offizielle Position, nicht Gegenstand der EU-Debatte. In Wirklichkeit gibt es jedoch immer mehr Vorgaben, Richtlinien und allgemeine Grundlagentexte wie die EU-Weißbücher zum Thema Verkehr, mit denen die Privatisierungstendenzen bei den europäischen Eisenbahnen vorangetrieben werden. Es begann mit der geforderten »rechnerischen Trennung«, die bei Eisenbahnunternehmen zwischen dem Fahrweg und dem Transport vorzunehmen sei. Aktuell stehen die Forderungen nach »Öffnung« der Eisenbahnverkehrsmärkte im Zentrum. Perspektivisch verlangt die EU »getrennte Netze« für den Personen- und Güterverkehr auf Schienen. Dabei orientiert sie in erster Linie auf den Güterverkehr auf Schienen, für den sie auch ein deutliches Wachstum vorhersagt.

Die EU-Kommission plädiert in ihren Weißbüchern zum Thema Verkehr, wie bereits in Kapitel 2 dargelegt, für eine Stärkung der Schiene. Sie anerkennt die strukturellen und umweltpolitischen Vorteile der Schiene gegenüber dem Straßen- und Luftverkehr. Doch die reale Entwicklung läuft in die entgegengesetzte Richtung. In den letzten 30 Jahren hat sich auf dem Gebiet der »alten« EU mit 15 Mitgliedsländern der Anteil des Pkw-Verkehrs an der gesamten Personenkilometerleistung auf fast 80% erhöht. Allerdings war 1995 ein Höhepunkt erreicht worden. Die Anteile der Eisenbahnen, von Bussen und von schienengebundenen öffentlichen Verkehrsmitteln in Städten nahmen kontinuierlich ab.

Der wichtigste Gewinner ist der Flugverkehr. Der innereuropäische Flugverkehr, der 1970 noch einen marginalen Anteil von 1,6% an allen Personenverkehrsleistungen hatte, liegt inzwischen bei rund 6%. Das 2001er Weißbuch der EU-Kommission zum Thema Verkehr stellt fest, dass die in Flugzeugen zurückgelegte Personenkilometerleistung »demnächst vor derjenigen liegen wird, die in Eisenbahnen realisiert« wird. Zu dieser »Verkehrswende« kam es 2005. Die umweltpolitisch zu begrüßende Entwicklung eines verlangsamten Wachstum der Pkw-Verkehrsleistungen wird konterkariert durch den enormen Anstieg des innereuropäischen Luftverkehrs, der die Umwelt und das Klima extrem belastet. Gleichzeitig sinkt der Anteil des einzigen umweltpolitisch akzeptablen Verkehrsmittels, der Schiene, kontinuierlich.

Die EU-Kommission verweist in ihren verkehrspolitischen Texten immer wieder positiv auf die USA und die dortige Verkehrssituation. Für einen solchen Vergleich spricht einiges. Beide Wirtschaftsblöcke sind geographisch von vergleichbarer Größe, auch die Einwohnerzahl und das Bruttoinlandprodukt bewegen sich in ähnlichen Größenordnungen. Vor allem handelt es sich bei der EU um ein Gebilde, das auf dem Weg ist, sich zu einem neuen Staat zu entwickeln. Damit aber würde der wichtigste Unterschied, den es zwischen den USA und der EU noch gibt, entfallen. Es gibt in Europa bereits einen weitgehend einheitlichen Wirtschaftsraum – jedenfalls auf dem Gebet der »alten EU« mit 15 Mitgliedsländern. Ein weiteres wirtschaftliches und politisches Zusammenwachsen zeichnet sich vor allem für Kontinentaleuropa ab. Der Vertrag von Maastricht, die Einführung der Einheitswährung Euro und die EU-Osterweiterung beschleunigen diesen Prozess.

Bereits die europäische Verkehrsentwicklung in den vergangenen 30 Jahren weist deutliche Parallelen mit derjenigen in den USA auf. Die Tabelle auf S. 62 zeigt einen Vergleich der Verkehrsmarktentwicklung für das Gebiet der EU-15 und der USA.

Beim Vergleich der *Entwicklung im Personenverkehr* sind folgende Aspekte wichtig:

- Der Motorisierte Individualverkehr (MIV) entwickelt sich in den USA und in Westeuropa auf vergleichbare Weise. Trotz ständig größerer Pkw-Dichte und weiter zunehmender Verkehrsleistungen mit Pkw sinkt inzwischen der Anteil, den der Pkw-Verkehr im Verkehrsmarkt einnimmt.

Modal split (Anteile der Verkehrsträger an der gesamten motorisierten Personenkilometerleistung) in der EU-15 und den USA

Verkehrsträger	1970	1980	1990	2001
Personenverkehr				
Pkw (Motorisierter Individualverkehr)				
– EU-15	73,8	76,1	79,0	78,5
– USA	91,3	89,1	86,6	85,7
Busse/Reisebusse				
– EU-15	12,7	11,8	9,3	8,3
– USA	2,3	2,4	3,2	3,1
Tram und U-Bahnen				
– EU-15	1,6	1,2	1,0	1,0
– USA	0,5	0,4	0,3	0,3
Eisenbahnen				
– EU-15	10,4	8,4	6,7	6,3
– USA	0,5	0,4	0,3	0,3
Luftverkehr*				
– EU-15	1,6	2,5	4,0	5,9
– USA	5,4	7,7	9,5	10,6.
Güterverkehr				
Straße (Lkw)				
– EU-15	52,1	60,0	69,3	74,7
– USA	22,4	23,6	27,2	30,3
Schiene (Eisenbahnen)				
– EU-15	10,9	8,8	7,6	7,0
– USA	41,5	39,1	38,2	43,1
Binnenschiffe				
– EU-15	10,9	8,8	7,6	7,0
– USA	12,8	12,3	13,1	10,4
Pipelines				
– EU-15	6,8	7,1	5,0	4,8
– USA	23,4	25,0	21,6	16,6

* Im Fall der EU: Inner-EU-15-Flüge und Binnenflüge (in den jeweiligen EU-Mitgliedsländern); im Fall der USA gesamter Flugverkehr (inkl. »general aviation«). Siehe Anmerkung

■ Das höhere Niveau, das in den USA der Anteil des Pkw-Verkehrs noch hat, hängt eng mit der unterschiedlichen Position der Eisenbahnen und der schienengebundenen städtischen Verkehrssysteme (Tram und Metro) zusammen. In den USA gibt es, wenn der gesamte Verkehrsmarkt im Blick bleibt, einen Schienenpersonenverkehr nur noch in Spurenelementen.

- Ebenfalls sehr ähnlich entwickelt sich der Flugverkehr – er wächst in beiden Regionen explosionsartig. Hinter dem Wachstum der Anteile steht – angesichts eines allgemein wachsenden Verkehrsmarkts – ein nochmals weit größeres Wachstum der absoluten Zahlen der Verkehrsleistungen.

Zwar ist in den USA der Anteil des Flugverkehrs mehr als doppelt so hoch wie im Gebiet der EU-15. Doch vor rund dreißig Jahren lag er auf vergleichbarem Niveau, wie es 2001 in der EU erreicht wurde. Grundsätzlich konnte festgestellt werden, dass die Verkehrsentwicklung in Europa derjenigen in den USA seit mehr als 100 Jahren um rund 30 Jahre hinterherhinkt. Die europäische und die US-amerikanische Flugzeugindustrie, Airbus/EADS und Boeing, gehen jedenfalls fest von einem solchen überproportionalen Wachstum des Flugverkehrs aus. Der neue Airbus-Jumbo A380 rechnet sich zum Beispiel nur, wenn es in den kommenden zwölf bis fünfzehn Jahren zu einer weiteren Verdopplung des Flugverkehrs kommt.

Ein Vergleich der *Entwicklung im Güterverkehr* ergibt zumindest auf den ersten Blick mehr Unterschiede als Gemeinsamkeiten. Doch gerade diese Unterschiede könnten für die weitere Entwicklung des europäischen Verkehrsmarktes von Interesse sein:

- Während der Straßenverkehr (Lkw) mit drei Vierteln der gesamten Transportleistung in der EU der wichtigste Verkehrsträger ist, entfällt auf diesen in den USA nur ein halb so großer Anteil (30%).
- Während der Anteil der Eisenbahnen am Güterverkehrsmarkt der EU-15 ständig weiter sinkt (2001: 7%), liegt dieser in den USA sechs Mal höher und steigt sogar seit 1990 erneut an (2001: 43,1%).

Schienengüterverkehr im Interesse der Konzerne

Trotz dieser Unterschiede spricht einiges dafür, dass die Verkehrsentwicklung in der EU sich auch im Güterverkehrssektor derjenigen in den USA annähern wird. Zumindest versucht die EU-Kommission, genau dies zu erreichen. Und hier besteht wieder ein enger Zusammenhang mit der Entwicklung und der Struktur des Personenverkehrs.

Das Verkehrs-Weißbuch der Europäischen Kommission aus dem Jahr 2001 orientiert auf eine EU-weite, massive Steigerung des

Schienengüterverkehrs. Dabei verweist dieses Weißbuch mehrfach auf das diesbezügliche »Vorbild USA«. So heißt es darin: »Der Güterschienenverkehr hat in den USA einen Anteil von 40% am gesamten Güterverkehr gegenüber 8% in der EU. Das amerikanische Beispiel zeigt, dass der Niedergang der Eisenbahn nicht unvermeidlich ist.«

Zum gleichen Zeitpunkt stellte die damalige rot-grüne Bundesregierung im »Verkehrsbericht 2000« eine Verdopplung (!) des Güterverkehrs bis 2015 in Aussicht. Das Gutachten von Booz Allen Hamilton zur Bahnprivatisierung, das in allen übrigen Bereichen den Anteil der Schiene nicht wachsen (Schienenpersonennahverkehr) bzw. sinken (Schienenpersonenfernverkehr) sieht, erblickt nur in einem Bereich die Möglichkeit für ein größeres Wachstum – im Schienengüterverkehr. Hier soll es unter günstigen Bedingungen ein Wachstum von 40% bis zum Jahr 2020 geben, womit sich auch der Anteil des Güterverkehrs am gesamten Verkehrsmarkt erstmals seit einem Dreivierteljahrhundert wieder erhöhen würde.

Interessant ist nun vor allem, in welchem Segment der Schienengüterverkehr wachsen soll. Das PRIMON-Gutachten übernimmt hier eine Grundthese, wie sie auch vom Management der Deutschen Bahn AG, insbesondere bei der DB AG-Tochter Stinnes-Schenker-Railion, vertreten wird. Danach geht es vor allem um Güterverkehre über sehr lange Distanzen: »Mit der europäischen Integration und der Globalisierung gehen ein Wachstum der grenzüberschreitenden Verkehre und eine Verlängerung der Versandweiten einher. Auf langen Relationen lassen sich die Kostenvorteile des Eisenbahntransports ausspielen.«

Das ist eine fragwürdige These. Tatsächlich lag 2004 die »mittlere Transportweite« im Schienengüterverkehr (durchschnittliche Entfernung je Transport) bei 279 km. Sie ist damit weit entfernt von oft zitierten Entfernungen, wonach die Schiene erst »ab Transporten von 400 und mehr km« interessant wäre. Das aber heißt: Wer auf große Entfernungen bei den Schienengütertransporten setzt, bezieht sich auf minoritäre Marktsegmente.

Richtig ist allerdings, dass die Deutsche Bahn AG in den vergangenen Jahren von der Öffentlichkeit weitgehend unbemerkt vollendete Tatsachen schuf, um sich von dezentralen Gütertransporten und solchen über kürzere Distanzen zu trennen. Die DB

AG schloss Tausende meist kleinere und mittlere Unternehmen von einer bestehenden direkten Anbindung an den Schienenverkehr aus. 1992 gab es in der Bundesrepublik Deutschland noch 13.629 »Privatgleisanschlüsse«, das sind Industriegleise, mit denen einzelne Betriebe direkt an die Schiene angeschlossen waren. 2004 waren es mit 4.004 gerade noch 29% des 1992er Bestands.

Daher betreibt die Deutsche Bahn AG mit ihrer Behauptung, Schienenverkehr rechne sich erst ab großen Entfernungen, eine self fulfilling prophecy. Vor allem aber zeigt sich, dass die Deutsche Bahn AG und das PRIMON-Gutachten eine Transport-Organisation im Blick haben, die vor allem den Interessen sehr großer, global agierender Unternehmen dient. Es handelt sich um ein Modell, wie es tatsächlich in Nordamerika weitgehend realisiert wurde – mit Ganzzügen vom Pazifik zum Atlantik und von Kanada nach Mexiko. Gerade im Rahmen der Globalisierung wachsen diese Art von Verkehren. Die US-amerikanischen Eisenbahnen steigerten ihre Leistung allein in dem Zeitraum 2002 bis 2005, der in der Tabelle nicht mehr abgebildet wird, um 25%.

Diese Ausrichtung des Schienengüterverkehrs auf Langstreckenverkehre geht einher mit einem Abbau der kurzen Verkehre und auch mit einer Reduktion jeder Art regionaler Wirtschaftskreisläufe. Dem entspricht die Kapitalkonzentration, die sich gerade in jüngerer Zeit (durch Merger and Acquisition, M&A, d.h. Unternehmenszusammenschlüsse und -zukäufe) enorm beschleunigt. Damit erhöht sich auch ein spezifischer wichtiger Faktor: die »Transportintensität«, die Summe aller Transportkilometer, die in einer Ware mit einer bestimmten Qualität steckt. Berühmt wurde vor einem Jahrzehnt das Beispiel eines Joghurt-Bechers, in dem mehr als 7.000 km Transporte aller Art »steckten«. Tatsächlich lässt sich mit einem Vergleich der Transportintensität in den USA und in der EU aufzeigen, wohin diese Reise geht: In einem Dollar Bruttoinlandsprodukt der EU stecken 0,36 Tonnenkilometer, in den USA sind es mit 0,58 Tonnenkilometer gut 50% mehr. Die Transportintensität ist in Nordamerika deutlich größer als in Westeuropa. Die vielen und ständig wachsenden Transporte, die in einer Ware von ein und derselben Qualität enthalten sind, bringen für die Bürgerin und den Bürger keinerlei Vorteile. Sie sind allerdings Teil der Umweltzerstörung und der Klimabelastung. Die Tatsache, dass in Zukunft möglicherweise ein größerer Teil dieser Transporte auf der Schiene stattfindet, stellt hier keinen Fortschritt dar.

Es bleibt die Frage zu beantworten, wie diese Art stärkerer Beteiligung der Schiene am inflationären Wachstum der Güterverkehrsströme erreicht werden soll. Die EU-Kommission stellt hierzu im jüngsten Weißbuch fest: »Es empfiehlt sich, nach und nach ein Eisenbahnnetz ausschließlich für den Güterverkehr vorzusehen.« Es soll sich dabei um getrennte Infrastrukturen – Strecken, die ausschließlich dem Schienengüterverkehr vorbehalten sind – handeln, oder um Strecken, auf denen der Güterverkehr Vorrang hat oder um Strecken, die zu bestimmten Zeiten ausschließlich dem Güterverkehr zur Verfügung stehen.

In diesem Zusammenhang gewinnt die Konzentration auf den Hochgeschwindigkeitsverkehr, die es im Bereich des Personenverkehrs gibt, ihre Bedeutung. Dazu heißt es im Weißbuch: »Der Aufbau des Hochgeschwindigkeitsnetzes trägt zum Erreichen dieses Zieles bei. Durch die Inbetriebnahme neuer Strecken kann ein Teil des (Personen-) Verkehrs von den klassischen Strecken auf neue Strecken umgeleitet werden, wodurch auf den zuvor vom gesamten Verkehr genutzten Strecken Kapazitäten (für den Güterverkehr) frei werden.«

Damit schließt sich ein Kreis. Aus Sicht der EU-Kommission reduziert sich der Schienenpersonenverkehr auf den Nah- und Regionalverkehr in Ballungsräumen und auf den Hochgeschwindigkeitsverkehr. Der konventionelle Schienenverkehr, und dies ist bisher die Masse der Verkehrsleistungen im Schienenpersonenverkehr – bleibt außen vor. Konsequenterweise kommt es also in diesem Bereich zu einem weiteren Abbau der Verkehrsleistungen, was sich mit dem PRIMON-Gutachten deckt. Der Güterverkehr auf Schienen hingegen soll massiv gesteigert und vor allem auf den langen Distanzen und über den Kontinent hinweg ausgebaut werden. Er soll im klassischen Schienennetz Vorrang haben.

Ein solches Modell für den Schienenverkehr der Zukunft ist mit privatisierten Bahnen tatsächlich gut vorstellbar. Und es orientiert sich in erheblichem Maße an dem Beispiel des US-amerikanischen Verkehrssektors.

8. Globalisierung, ölbasierter Kapitalismus und Autogesellschaft

Das Mega-Milliarden-Ding: Das 41.000 Kilometer lange Schienennetz ist als Immobilie pures Gold.
Bericht von 1993 im »Focus« zur Bahnreform

Ob er ein nostalgisches Gefühl mit Bahnhöfen verbindet? »Ich bin immer gern Bahn gefahren.« Aber nostalgisch? Mehdorn schaut verständnislos. »Ich bin doch Luftfahrtingenieur.«
Aus einem Bericht über den neuen Berliner Hauptbahnhof

Bei der Zurückdrängung des Schienenverkehrs und den Privatisierungen der Eisenbahnen kommen konkrete materielle Interessen zum Ausdruck. Sie resultieren nicht zuletzt aus der Struktur des Weltmarkts und der Internationalisierung der Ökonomie. Der Prozess der Globalisierung ist begleitet von einer Zunahme der Macht der großen Konzerne. Es handelt sich nicht allein um eine Macht, die sich in Dollar-, Yen- und Euro-Umsätzen ausdrückt. Diese Macht materialisiert sich zu einem großen Teil in einer spezifischen stofflichen Form – sie ist Ausdruck der Macht der Öl- und Autokonzerne.

Vom gesamten Umsatz der 100 größten Industriekonzerne der Welt entfällt mehr als die Hälfte allein auf den addierten Umsatz der Öl fördernden und verarbeitenden Konzerne, der Fahrzeugbauunternehmen und der Flugzeugindustrie. Öl und seine Derivate – Benzin, Diesel, Kerosin – bestimmen die Weltmacht der größten Konzerne und zugleich die Form der Mobilität, die weltweit dominiert. Diese Konzerne können auch mit dem Attribut »k & k« versehen werden: sie sind »klimazerstörend & kriegstreiberisch«. Der größte Teil der klimaschädigenden Abgase ist Resultat des ölbasierten Kapitalismus. Fast alle jüngeren Kriege haben mit der Kontrolle über die verbleibenden Ölvorräte bzw. die Transportwege für Öl und Gas zu tun.

1974 wurde in den USA mit dem »Snell-Report«, der im Auftrag des US-Senats erstellt wurde, dokumentiert, dass das Verschwinden des Schienenpersonenverkehrs und der schienengebundenen Verkehrssysteme in den US-Städten im Zeitraum 1920 bis 1950 von einem jahrzehntelang geheim operierenden Verbund organisiert wurde, den die US-Autokonzerne General Motors, Ford, Chrysler und der Reifenhersteller Firestone gebildet hatten. Derartige konspirative Methoden zur Durchsetzung der Autogesellschaft sind heutzutage nicht unbedingt erforderlich. Die wichtigste industrielle Lobbygruppe innerhalb der Europäischen Union ist der European Round Table (ERT), ein Zusammenschluss der Vorstandsvorsitzenden oder Präsidenten (CEOs) der vier Dutzend größten europäischen Unternehmen. Auf seiner Homepage erfährt man, dass der ERT über enge Beziehungen zur EU-Kommission verfügt und dass beispielsweise Grundzüge des Maastricht-Vertrages zuvor vom ERT entwickelt und der EU-Kommission nahegelegt worden sind. Dort wird auch dargelegt, dass der ERT bereits 1984 den verkehrspolitischen Report »Missing Links« veröffentlichte und dass die dort enthaltenen Vorschläge (u.a. Orientierung auf Hochgeschwindigkeitszüge, Bau von Großprojekten wie Scanlink-Verbindung, Ärmelkanal-Tunnel, Brennerpass-Tunnel) fast eins zu eins in das EU-Programm »TEN – Trans European Networks« übernommen wurden. Untersucht man die Zusammensetzung des ERT, dann ergibt sich, dass der dort am besten vertretene Bereich das Geschäft mit Öl und Ölverarbeitung ist. Zusammen mit Vertretern der Auto- und Luftfahrtbranche stellen diese ein Drittel der Mitglieder in diesem elitären Zirkel, gewissermaßen eine Art ZK der europäischen Bourgeoisie.

Die Bahnprivatisierungen in Europa beschleunigen, wie beschrieben, den Prozess der Orientierung auf Auto und Flugzeug. Im Ergebnis werden der Bahnverkehr und der schienengebundene übrige öffentliche Verkehr weiter deutlich reduziert, teilweise hinsichtlich der absoluten Verkehrsleistungen, in jedem Fall hinsichtlich ihrer Anteile im Verkehrsmarkt. Damit reduziert sich nochmals das Gewicht des Bereichs Schiene/Bahntechnik in der gesamten Wirtschaft. Auf der anderen Seite wird sich damit erneut der Markt für Autos und Flugzeuge bzw. für den darauf basierenden Verkehr vergrößern.

Das Personal, das diesen Prozess plant, ausführt und orchestriert, ist oftmals selbst eng mit der Auto-Luftfahrt-Branche verbunden. Die beiden Bahnchefs, die die Bahnprivatisierung in den vergangenen 15 Jahren maßgeblich vorangetrieben haben, personifizieren diese Industrien. Heinz Dürr wurde 1991 Vorstandsvorsitzender der Deutschen Bundesbahn und hat in dieser Eigenschaft die Bahnprivatisierung eingeleitet. Er war auch erster Vorstandsvorsitzender der neu gegründeten Deutschen Bahn AG und übte diese Funktion bis 1997 aus, um danach noch bis 1999 als Aufsichtsratsvorsitzender der DB AG zu wirken. Doch all das waren nur Nebentätigkeiten. Heinz Dürr, der vor seinen Bahnengagements zum Vorstand der Daimler-Benz AG gehörte, war und ist in erster Linie Haupteigentümer der Dürr AG. Diese rühmt sich, auf dem Weltmarkt für die Herstellung von Autolackier-Robotern führend zu sein.

Hartmut Mehdorn war fast dreißig Jahre in der Luftfahrtbranche aktiv. Er arbeitete eineinhalb Jahrzehnte lang als Top-Manager u.a. bei Airbus und Daimler-Dasa. Lange Zeit galt er als möglicher Nachfolger von Edzard Reuter als Daimler-Chef – und damit als Konkurrent von Jürgen Schrempp. Als sich dieser Lebenstraum nicht verwirklichte und Schrempp an Mehdorn vorbeizog, arbeitete Mehdorn kurze Zeit als Chef der Heidelberger Druckmaschinen, um Ende 1999, berufen vom »Autokanzler« Gerhard Schröder, an die Spitze der Deutschen Bahn AG zu wechseln. Er nennt den Autovermieter Erich Sixt seinen Freund. Als im April 2006 der Billigflieger Air Berlin an die Börse ging, wurde im Emissionsprospekt damit geworben, dass Hartmut Mehdorn Kandidat für einen Aufsichtsratsposten sei. Erst zwei Wochen später ließ Mehdorn windelweich dementieren.

1999 folgte auf Heinz Dürr als Aufsichtsratsvorsitzender Dieter Vogel. Dieser war bis 1998 Vorstandsvorsitzender des Stahlkonzerns Thyssen, der wiederum zusammen mit Siemens die Magnetschwebetechnik Transrapid entwickelte. Die Deutsche Bahn AG hatte sich bis zu diesem Zeitpunkt mehrmals kritisch mit der Magnetschwebetechnik und einzelnen diskutierten Transrapid-Anwendungsstrecken in Deutschland auseinander gesetzt. Bald nachdem Vogel Aufsichtsratsvorsitzender wurde, verstummte diese Kritik. Die DB AG wurde Miteigentümerin der Transrapid-Versuchsstrecke im Emsland, bot sich als Betreiberin einer »Metrorapid«-Strecke zwischen Düsseldorf und Dortmund an und unterstützt aktuell den Bau einer Transrapid-Verbindung zwischen dem Münchner Hauptbahnhof und dem Franz-Josef-Strauß Airport bei München.

Globalisierung, ölbasierter Kapitalismus, Autogesellschaft

Im März 2001 folgte auf Vogel in der Position des Aufsichtsratsvorsitzenden der DB AG Helmut Frenzel. Dessen Hauptberuf war und blieb der des Vorstandsvorsitzenden des ehemaligen Stahl- und Kohlekonzerns Preussag, der kurz darauf in Tui umbenannt wurde. Inzwischen ist Tui das größte Touristikunternehmen der Welt. 2002 stieg Tui in das Geschäft der Billigfliegerei ein (Hapag-Lloyd-Express/HLX und Hapag-Lloyd-Flug/HLF). Ende 2005 konnte der Konzern bekannt geben, dass »die Zusammenarbeit von Tui mit der Deutschen Bahn vertieft« werde: der so genannte Zug-zum-Flug-Service der Bahn werde auf die Konzernfluggesellschaften Hapagfly und Hapag-Llloyd-Express (HLX) ausgedehnt, womit im Fall HLX »erstmals eine Billigfluggesellschaft ihren Kunden diesen günstigen Service anbieten« könne. Auch hier liegt ein Fall einer direkten Interessenkollision vor.

Genauer gesagt: Die im Verkehrsmarkt weit stärkeren Luftfahrtinteressen werden bei der weit schwächeren Bahn durch führende Repräsentanten dieses Unternehmens personifiziert, wobei die zitierten Fälle nicht allein stehen. So holte Bahnchef Mehdorn Ende der 1990er Jahre eine Reihe ehemaliger Manager der Lufthansa ins Top-Management des Schienenkonzerns, u.a. Anna Brunotte, Christoph Franz und Hans G. Koch. Diese waren hauptverantwortlich für das Ende 2002 eingeführte neue Bahnpreissystem PEP mit seinen katastrophalen Folgen, worüber bereits in Kapitel 3 berichtet wurde. Der Nachfolger des Bauernopfers Franz im Bahnvorstand ist übrigens Karl-Friedrich Rausch, der dort bis heute für den Personenverkehr verantwortlich ist. Rausch kommt ebenfalls von der Lufthansa. Es passt dann ins Bild, wenn die rail & fly-Bahntickets (»Flug zum Zug«) ausgesprochen günstig angeboten werden und wie eine Subventionierung des Luftverkehrs durch die Bahn wirken und wenn der DB-Kurierdienst »IC-Kurier« der DB AG – ein in das IC/EC- und ICE-Netz fest integrierter bundesweiter Kurierdienst – ausgegliedert und der Lufthansa übergeben wurde.

Diese Art Verflechtung von sich widersprechenden Interessen ist nicht auf den Bereich der Luftfahrt beschränkt. Es gibt sie beispielsweise auch im Fall der Verbindung Lkw-Speditionsgewerbe und Güterverkehr auf Schienen. Der Bereich Schenker-Stinnes, formal eine Tochter der Deutschen Bahn AG, vereint den Lkw-Verkehr und den Schienengüterverkehr (Railion). Faktisch dominiert hier längst die Straße. Verkauf und erneuter Kauf von Schenker durch die Bundesbahn respektive durch die Deutsche Bahn AG sind typisch für eine problematische, auch personelle Interessenverbindung.

Schließlich sind die hier beschriebenen Interessenkollisionen auch auf internationaler Ebene zu beobachten. Der Chef der französischen Staatsbahn, François Gallois, war zuvor Top-Manager bei Aerospatiale/Airbus und wurde Anfang Juli 2006 neuer Top-Mann im EADS-Konzern. Der Chef der weltweit größten Fluggesellschaft Air France-KLM, Jean-Cyril Spinetta, teilte im Frühjahr 2006 mit, sein Unternehmen werde ab dem Zeitpunkt der Öffnung des französischen Marktes für den Schienenfernverkehr selbst Hochgeschwindigkeitszüge betreiben. Schließlich sei ein »Hochgeschwindigkeitszug »nichts anderes als ein Flugzeug, das rollt.« Der ehemalige Rennfahrer und Autonarr Niki Lauda wurde bei der österreichischen Bahngesellschaft ÖBB mit einem Aufsichtsratssitz bedacht. Er kommentierte das in einem Interview so: »Als ich vor zwei Jahren in den Aufsichtsrat der Österreichischen Bundesbahnen gewählt wurde, hatte ich das erste Mal in meinem Leben das Gefühl, ich sollte in einen Zug steigen. Ich bin von Wien nach Graz gefahren.« Frage: »War das deine erste und letzte Bahnfahrt?« Antwort: »Richtig.«

Diese personellen Verquickungen knüpfen an eine unheilvolle Tradition an. Am 21. Juni 1970 meldete in den USA die größte Transportgesellschaft der Welt, die Penn Central-Eisenbahngesellschaft, Konkurs an. Eine für damalige Verhältnisse gewaltige Summe von drei Milliarden US-Dollar an kurzfristigen Krediten musste binnen weniger Stunden abgedeckt werden, um nicht große Banken in den Strudel der Krise zu reißen. Die Analyse, die das angesehene US-Blatt *Ramparts* vornahm, zeigte: Ein entscheidender Grund für das schlechte Management und letzten Endes für den Konkurs bestand darin, dass der Vorstand der Penn Central durchsetzt war mit Personen, die Interessen vertraten, die in Widerspruch zu denen eines ordentlichen Eisenbahnbetriebs standen. So gab es in den Penn Central-Gremien Vertreter von Stahl-, Öl- und Kohlekonzernen, die nicht kostendeckende Penn Central-Frachttarife für »ihre« Transporte durchsetzten. Auch war der Vorstand im großen Stil ins Luftfahrtgeschäft eingestiegen. Erklärtes Ziel war es, mit der Penn Central-Fluggesellschaft Executive Jet Aviation Inc. die weltweit führende Fluggesellschaft Pan Am von Platz eins zu verdrängen. Allein dieser Ausflug ins Luftfahrtgeschäft endete als 200-Millionen-Dollar-Pleite. Der Penn Central-Boss Stuart Saunders wurde in *Ramparts* mit dem Satz zitiert: »Ich will das Penn Central-Kapital in wirklich profitable Projekte stecken und nicht in diese verdammte Eisenbahn« (»...and not in these fucking railroads)«.

Dieses Verständnis von den »fucking railroads« war typisch beim Niedergang der vormals weltweit führenden Eisenbahnen. Dieses Selbstverständnis spielt heute eine erhebliche Rolle beim Top-Management der Deutschen Bahn AG. Deren Manager erhalten ihre Sicht auf die Verkehrswelt in erster Linie beim Blick durch die Windschutzscheibe eines Top-Modells von DaimlerChrysler, BMW oder Audi.

9. Die Deutsche Bahn ist nicht die Alternative. Oder: Vorbild Schweiz

> *»Der Stolz auf das nationale Bahnunternehmen, das ist schon eine Schweizerische Eigenart«, bestätigt Benedikt Weibel. »Und dafür gibt es viele Gründe. Bereits die Gründung der SBB, die 1898 aus der Verstaatlichung der fünf größten Schweizerischen Privatunternehmen entstand, wurde mit großer Mehrheit in einer Volksabstimmung beschlossen. Ein weiteres, sehr wesentliches Element war die Einführung des Halbtax-Abonnements (Halbpreispass) im Jahr 1986. Das war sofort ein Riesenerfolg – wir haben heute etwa 2,5 Millionen Stammkunden (bei 7 Millionen Einwohnern). Ein drittes Element ist die sehr gute Erschließung des Landes mit Öffentlichem Verkehr und die gute Qualität des Angebots.« Ein wesentlicher Erfolgsfaktor sei auch die personelle Kontinuität: »Die Schweiz hatte in den letzten dreißig Jahren vier SBB-Chefs und vier Verkehrsminister«, erzählt Weibel.*
> Interview mit dem SBB-Chef Benedikt Weibel 2005

Die Debatte über eine Privatisierung der Deutschen Bahn AG krankt bereits an der Ausgangslage. Es gibt keinerlei Untersuchung über die Möglichkeit einer optimierten Bahn in öffentlichem Eigentum. Diese Fragestellung wird schlicht ausgeklammert – und dies seit mehr als sechs Jahren. Als die Bahn 2004 selbst eine Studie zur Zukunft der Schiene präsentierte, die vom Investmenthaus Morgan Stanley verfasst worden war, lag eine solche Ausrichtung auf der Hand. Bahnchef Hartmut Mehdorn wollte den »integrierten Börsengang«, und dafür plädierte auch die Studie. Als Anfang 2006 das PRIMON-Gutachten vorgelegt wurde, erwarteten viele Beobachter eine eher neutrale Sicht, zumal der Träger der Studie, die Beratergruppe Booz Allen Hamilton, nicht vorbelastet erschien. Doch ein Blick hinter die Kulissen enthüllt auch hier eine spezifische Interessenlage: Einer der Unterauftragnehmer beim PRIMON-Gutachten ist erneut das Investmenthaus Morgan Stanley. Ein zweiter Unterauftragnehmer ist die Rechtsanwaltskanzlei Michael Waldeck. Von dieser wusste die »Börsenzeitung« 2004 zu berichten, dass sie damals ihrerseits eng mit Morgan Stanley »bei der Beratung des Bundes zum Thema Kapitalmarktfähigkeit der Deutschen Bahn« zusammenarbeitete. Im Übrigen hat sich diese Kanzlei auf die Privatisierung öffentlichen Eigentums spezialisiert.

Nun wird heute jeder Verweis auf eine Bahn in öffentlichem Eigentum mit einem Verweis auf die Deutsche Bahn AG beantwortet. Diese sei doch zu 100% im Bundeseigentum – und erweise sich als kundenfeindlich, arrogant und wenig effizient. Diesen Charakterisierungen kann schwerlich widersprochen werden. Doch die DB AG als Bezugspunkt für ein öffentliches Unternehmen ist falsch. Die Deutsche Bahn AG ist bereits eine erste Form der Privatisierung. All das, was wir mit der DB AG seit 1994 an negativer Entwicklung und an abstoßendem Auftreten erlebt haben, ist ein Vorgeschmack darauf, was im Fall einer materiellen Privatisierung auf uns zukommt.

1994 wurde ein Unternehmen geschaffen, das zunächst in die privatrechtliche Form einer Aktiengesellschaft gebracht wurde. Es mag einige Argumente dafür geben, dass diese Unternehmensform auch Vorteile für die effiziente Führung eines öffentlichen Unternehmens bietet. Doch mit diesem Schritt waren drei andere kontraproduktive Veränderungen verbunden: Erstens wurde die Deutsche Bahn AG in fünf Aktiengesellschaften aufgespalten; hinzu kamen rund 200 privatrechtlich strukturierte andere Unternehmen unter dem Dach der DB AG. Der Konzern ist wenig transparent; bereits diese desintegrierte Struktur erschwert eine wirksame Kontrolle durch den Eigentümer enorm. Zweitens ließ der Eigentümer Bund es zu, dass ein branchenfremdes und teilweise ignorantes und bahnfeindliches Management eingesetzt wurde. Vor allem verzichtete schließlich drittens der Eigentümer Bund auf eine reale Kontrolle der Deutschen Bahn AG. Stattdessen wurden Personen in den Aufsichtsrat gehievt, bei denen möglicherweise Parteienproporz und Vetternwirtschaft, nicht aber Kompetenz und Bahnkenntnisse eine Rolle spielten.

Die vielfach geäußerte Behauptung, die Unternehmensform einer AG als solche eigne sich nicht für die Kontrolle eines Unternehmens in öffentlichem Eigentum, ist falsch. Es gibt eine Reihe städtischer Verkehrsbetriebe, die die Form einer Aktiengesellschaft in öffentlichem Eigentum haben und unter einer sehr direkten, oft auch effizienten Kontrolle des Eigentümers betrieben werden. Richtig dürfte sein, dass »die Politik« – die jeweiligen Bundesregierungen unter Helmut Kohl, Gerhard Schröder und Angela Merkel – im Großen und Ganzen hinter der kontraproduktiven Politik steht, die bei der Bahn betrieben wird. Sie tut dies teilweise aus »ideologischen Gründen« und aus neoliberaler Verblendung, weil ein effizientes Unternehmen in öffentlichem Eigentum außerhalb ihrer Vorstellungskraft liegt. Vor allem aber verbergen sich hinter dieser Politik die beschriebenen handfesten Interessen der Öl- und Autolobby.

Wie direkt der Zugriff des Eigentümers gegebenenfalls sein kann, zeigte sich im Frühsommer 2003 während der Krise um die gescheiterte Bahnpreisreform. Obgleich in der Öffentlichkeit der Rücktritt des Bahnchefs gefordert wurde, gab es nur die zitierten Bauernopfer. Mehdorns Vertrag hingegen wurde verlängert. Ausschlaggebend war dafür ein Telefonat zwischen Bundeskanzler Gerhard Schröder und Hartmut Mehdorn. Vergleichbar direkt auch die Intervention Ende März 2006, als sich nach Meldung des »Spiegel« Bahnchef Mehdorn und Bundesfinanzminister Peer Steinbrück darauf einigten, die »festen Bezüge der Mitglieder des Aufsichtsrats der Deutschen Bahn AG zu verdreifachen«. Bis zu diesem Zeitpunkt erhielten die Mitglieder dieses Kontrollgremiums 10.500 Euro pro Jahr und der Aufsichtsratsvorsitzende 21.000 Euro. Zukünftig werden es 30.000 Euro im Fall der einfachen Aufsichtsratsmitglieder und 60.000 Euro im Fall des Aufsichtsratsvorsitzenden Werner Müller sein. Diese Vergütungen für maximal fünf Sitzungen im Jahr werden »ergänzt um erfolgsabhängige Prämien«. Begründet wurde die »Aufbesserung« damit, dass »die Bezüge der Aufsichtsräte etwa auf dem Niveau« liegen sollen, »das bei ehemaligen, inzwischen privatisierten Bundesunternehmen üblich ist.« Die Botschaft ist deutlich: Im Fall der – noch nicht beschlossenen – Privatisierung verdreifachen sich die Einkommen der Aufsichtsräte, wohingegen sich die Zahl der Beschäftigten um ein Drittel reduziert.

Glaubwürdiger Bezugspunkt: Schweiz bzw. SBB

Oft ist es beim Engagement gegen die neoliberale Politik schwierig, eine real existierende Alternative zu benennen. Der Satz »Eine andere Welt ist möglich«, wird leicht als Utopie im Sinn, das sei »in dieser Welt nicht realisierbar«, abgetan. Das ändert natürlich nichts daran, dass auch an der Notwendigkeit der Utopie festgehalten werden muss. Schließlich meinte Thomas Morus, der Erfinder dieses altgriechischen Kunstworts, ja den »Ort Nirgendwo«, die »Insel Utopia«, auf der die neue Gesellschaft zu verwirklichen sei (ou = nicht, topos = Ort). Dennoch gibt es in diesen Fällen erhebliche Vermittlungsprobleme.

Im Fall der Bahnprivatisierung ist es anders. Es gibt im Hier und Jetzt eine real existierende und in weiten Bereichen glaubwürdige Alternative. Das sind die Schweizerischen Bundesbahnen (SBB), ein landesweites Bahnsystem, das sich fast komplett in öffentlichem Eigentum befindet. Die Schiene kann in unserem Nachbarland eine erstaunliche Erfolgsbilanz aufweisen: Flächendeckend existiert ein Halbstundentakt. Hierzulande gibt es nur bei großen Städten einen Stundentakt, oftmals aber sind selbst Städte wie Dresden nur in einem weit schlechteren Takt in den Fernverkehr eingebunden. Die Schweizer Bürgerinnen und Bürger fahren (mit 1800 km im Jahr) 2,2-mal mehr Kilometer auf der Schiene als die Menschen hierzulande, obgleich die Schweiz nur ein Neuntel der Fläche Deutschlands aufweist.

In der Schweiz liegen die staatlichen Zuschüsse je Leistung (je Tonnen- respektive je Personenkilometer) bei der Hälfte der Zuschüsse, die hierzulande für Leistungen im Schienenverkehr vom Steuerzahlenden bezahlt werden müssen.

Die Erwähnung des Beispiels Schweiz führt bei den Befürwortern jeder Art von Bahnprivatisierung regelmäßig zu heftigen Abwehrreaktionen. Es werden allerlei fadenscheinige Argumente bemüht, um einen Vergleich mit der SBB von vornherein auszuklammern. Das Gutachten von Booz Allen Hamilton untersucht eine Vielzahl anderer Schienenunternehmen in Europa und weltweit, klammert die Schweiz bzw. die SBB jedoch aus. Untersuchen wir einige dieser Gegenargumente.

Eine Standardantwort von Bahnchef Hartmut Mehdorn bei diesem Thema lautet, ein Vergleich sei unzulässig, da der Schienenverkehr in der Schweiz nur »eine Art bessere S-Bahn darstelle«. In Wirklichkeit ist der schweizerische Schienenverkehr sehr ähnlich strukturiert wie der bundesdeutsche: mit S-Bahnen, Regionalverkehr und Fernverkehr. Die durchschnittliche Reiseweite liegt in der Schweiz im Schienenpersonenfernverkehr z.B. nicht allzu weit unter derjenigen des deutschen (wobei letztere, wie aufgezeigt, mit 270 km erstaunlich niedrig ist). Im Übrigen müsste es in dem Fall, dass dieses Argument überzeugt, in einem Ge-

Peter Conradi
Es gibt in der Bevölkerung eine emotionale Bindung an »ihre« Bahn

In den vielen Jahren, in denen ich SPD-Mitglied des Bundestags war, war ich engagierter Zeuge von vielen Debatten zum Thema Bahn. 1994 habe ich für die Zusammenführung von Bundesbahn und Reichsbahn in der Deutschen Bahn AG, einer privatrechtlich verfassten Aktiengesellschaft, gestimmt. Die mit dieser Umwandlung der Rechtsform angestrebten Ziele wurden nicht erreicht. Die Absichten des Eigentümers Bund und des DB AG-Vorstandsvorsitzenden Hartmut Mehdorn, die DB AG nunmehr an private Investoren zu verkaufen, geben Anlass zu großer Sorge.

Als einziger Grund für einen Börsengang der DB AG an Private wird bisher die erhoffte Haushaltsentlastung genannt. Bei der Umwandlung der DB/DR in die DB AG 1994 wurde das Unternehmen total entschuldet. Seither hat sich die DB AG erneut hoch verschuldet. Will die Bundesregierung die DB AG vor einem Börsengang oder durch die spezifische Art eines solchen Börsengangs erneut entschulden? Angesichts einer solchen Politik, angesichts des zukünftigen Netzsicherungsausgleichs (einer »Leistungs- und Finanzierungs-Vereinbarung – LuFV«) und angesichts der Forderungen der DB AG, an den Verkaufserlösen beteiligt zu werden, sind die Erwartungen eines relevanten Beitrags zu einer Haushaltssanierung unrealistisch.

Es stellt sich auch die Frage, welche Folgen ein Verkauf der DB AG für das Wohl der Allgemeinheit hätte, worauf der 1994 mit der Bahnreform eingeführte neue Grundgesetz-Artikel 87e, Absatz 4, abzielt. Nach den Erfahrungen mit bisher privatisierten Eisenbahnen – insbesondere derjenigen in Großbritannien – steht zu befürchten, dass private Eigentümer in der Regel als erstes die lukrativen Logistikunternehmen und danach wertvolle Städte-Immobilien der DB AG verkaufen würde. Dabei kämen diese Einnahmen dann ganz oder in erheblichem Umfang den privaten Investoren zu Gute. Die privaten Investoren werden die Instandhaltung des Netzes, der Technik und des rollenden Materials herunter- und auf Verschleiß fahren. Sie werden die Zugangebote auf die lukrativen Hauptstrecken reduzieren. Zur Zeit bringt mehr als die Hälfte aller Verbindungen Verluste – diese wären also akut gefährdet.

Die Tatsache, dass der Bund als 100%-iger Eigentümer der DB AG in den vergangenen zwölf Jahren nicht in der Lage war, solchen Entwicklungen entgegenzutreten, lässt nicht erwarten, dass er, wenn er 51% der Anteile behielte, zu einer Eisenbahnpolitik im Interesse des Wohls der Allgemeinheit in der Lage und bereit wäre.

Interessant ist, dass eine Eisenbahn in öffentlichem Eigentum, nämlich die SBB in der Schweiz, deutlich geringere jährliche öffentliche Zuwendungen pro Einheits-Kilometer erhält als die DB AG. Gleichzeitig fahren die Schweizer pro Kopf mit ihrer SBB im Jahr gut doppelt so viele Kilometer wie die Deutschen mit der DB AG, obwohl die Schweiz weitaus kleiner ist als die BRD. Das ist ein wichtiger Anknüpfungspunkt.

Das Thema »Verkauf der Eisenbahn« ist kampagnenfähig. Es gibt in der Bevölkerung ein großes Interesse und eine große emotionale Bindung an »ihre« Bahn. Das Ziel einer Kampagne muss positiv formuliert sein: »Für den Erhalt und Ausbau der Bahn in öffentlichem Eigentum.« Dabei kommt es vor allem auf verständliche, sachlich korrekte und einfache Formulierungen an. Auch wenn es darum geht, die Aufteilung (modal split) des Verkehrsmarkts zugunsten der Schiene zu verändern, sollte die Kampagne nicht als Konflikt »Schiene gegen Straße« und gegen den Autoverkehr geführt werden, zumal auch viele Autofahrer die Bahn brauchen oder potenzielle Bahn-Fahrgäste sind. Die Kampagne sollte vor allem breit angelegt sein, das heißt Abgeordneten aller Fraktionen und Mitglieder aller Parteien offen stehen und vorrangig über NGOs wie Greenpeace, Attac, BUND und andere geführt werden.

Peter Conradi war 1972 bis 1998 Bundestagsabgeordneter der SPD; er ist aktiv in der Bahnfachleutegruppe »Bürgerbahn statt Börsenbahn«. Der hier wiedergegebene Text wurde aus einer Stellungnahme verfasst, die P. Conradi am 14. März 2006 bei einer Anhörung in der Fraktion Die Linke im Deutschen Bundestag vortrug.

biet wie dem Ruhrgebiet, das kleiner als die Schweiz ist, aber eine ähnlich große Bevölkerungszahl hat, leicht sein, einen optimalen, den Strukturdaten der Schweiz ähnlichen Schienenverkehr zu realisieren. Doch die Schiene im Ruhrgebiet weist im Modal split eine ähnliche Struktur auf wie diejenige im übrigen Deutschland. Auch ist Österreich bezüglich der Fläche, der Bevölkerungszahl und der Siedlungsstruktur mit der Schweiz vergleichbar. Doch der Modal split in Österreich gleicht weit mehr dem deutschen als dem schweizerischen. Was damit zusammenhängen könnte, dass die ÖBB wie die DB AG den Weg der Desintegration, der Privatisierung und des Rückzugs aus der Fläche geht.

Sodann wird gesagt, die Schweiz habe eine für den Schienenverkehr »weit günstigere Siedlungsstruktur«. In Wirklichkeit ist die Bevölkerungsdichte in der Schweiz niedriger als diejenige von Westdeutschland. Das Schienennetz ist wesentlich dichter als das deutsche. Demnach sind die grundlegenden Strukturdaten in der Schweiz zumindest nicht günstiger. Hinzu kommt, dass die topographischen und klimatischen Bedingungen in der Schweiz für den Schienenverkehr weit ungünstiger sind als hierzulande. Höhenunterschiede im Eisenbahnverkehr von bis zu 1.000 Metern sind nicht ungewöhnlich. In der Bundesrepublik gibt es dies nur ausnahmsweise. Im Winter liegen in der Schweiz die Temperaturen oft wesentlich niedriger als in Deutschland. Dennoch gibt es wesentlich weniger eingefrorene Weichen oder andere witterungsbedingte Beeinträchtigungen des Schienenverkehrs. Die Züge der SBB sind weit pünktlicher als diejenigen der DB AG: 95% aller Züge kommen mit weniger als 5 Minuten Verspätung an. Für 81% gilt »pünktlich wie die Eisenbahn«.

Ein weiteres Argument lautet: Die Schweizer und Schweizerinnen »lieben halt ihre Bahn«. Sie seien engagierte Bahnfahrende und diesbezüglich in keiner Weise mit den Deutschen zu vergleichen. Auch das stimmt nur zum Teil. In der Schweiz liegt die Pkw-Dichte ähnlich hoch wie hierzulande. Es werden pro Kopf sogar mehr Pkw-Kilometer zurückgelegt als in Deutschland. Dennoch wird mehr als zwei Mal so viel mit der Bahn gefahren. Und es gibt in der Bundesrepublik Deutschland Regionen mit erfolgreichen Bahnen, in denen sich der Schienenverkehr eines ähnlich regen Zuspruchs erfreut. Dieser liegt also nicht in erster Linie am Menschenschlag, sondern vor allem an der unterschiedlichen Performance der Unternehmen.

Der Erfolg der Schiene in der Schweiz hat fünf wesentliche Gründe.

Erstens gibt es in der Schweiz, obwohl es sich um ein führendes kapitalistisches Land handelt, keinen einzigen Autokonzern und kein einziges großes, auf dem Weltmarkt aktives Ölunternehmen. Dies ist ein substanzieller Unterschied zu fast allen hochmotorisierten Ländern. Er trägt dazu bei, dass die Autolobby in der Schweiz nicht ganz so wirksam ist wie anderswo, dass sie vor allem nicht ganz so stark strukturell und materiell mit dem gesamten politischen Establishment verflochten ist.

Zweitens weist der Schweizerische Schienenverkehr in den Eigentumsverhältnissen eine eher dezentrale Struktur auf. Zwar befinden sich so gut wie alle Bahnen, die die SBB bilden, in öffentlichem Eigentum. Doch bei rund der Hälfte aller Strecken und Schienenverkehrsunternehmen handelt es sich um kantonales Eigentum. Die Kantone sind in der Struktur den deutschen Bundesländern vergleichbar, gleichzeitig aber in der Regel nur so groß wie die kleinsten deutschen Bundesländer. Die kantonalen Bahnen sind zwar in den Fahrplan und in das gesamte Tarifsystem der SBB eingebunden; für die Fahrgäste erscheint der schweizerische Bahnverkehr damit als ein einheitlicher. Doch die vielfach dezentralen Eigentumsformen führen zu einer weit größeren Bürgernähe und begünstigen Kundenfreundlichkeit und Service-Intensität.

Drittens besteht das führende Personal bei der SBB überwiegend aus engagierten, kenntnisreichen und ambitionierten Bahnleuten. Dies gilt gerade auch für den SBB-Bahnchef Benedikt Weibel, der Ende 2006 aus dem Amt scheidet. Das Management bei der DB AG hingegen ist vielfach bar jeder Kenntnis des herkömmlichen Bahnbetriebs. Entsprechend liegt der SBB-Bahnchef im Ranking führender schweizerischer Top-Manager an der Spitze; Hartmut Mehdorn landet bei entsprechenden Vergleichen regelmäßig auf einem der letzten Plätze.

Viertens setzen die SBB beim Tarifsystem auf Transparenz. Es orientiert sich an Grundsätzen, die konträr zu denen sind, die bei der Deutschen Bahn AG Anwendung finden. Die im Eingangszitat von Benedikt Weibel erwähnte Zahl von 2,5 Millionen Schweizerinnen und Schweizern mit Halbtax-Ticket würde übertragen auf Deutschland heißen, dass 25 Millionen Bürgerinnen und Bürger die BahnCard50 besitzen müssten. Real sind es nur 1,5 Millionen; eine weitere Million besitzt die BC25. Bereits das Generalabonnement (hierzulande »Jahresnetzkarte« oder »BahnCard100«) besitzen in der Schweiz 250.000 Menschen Umgerechnet auf die Bevölkerungszahl sind das mehr, als hierzulande über eine BahnCard50 verfügen. Das Schweizerische Tarifsystem schafft Kundennähe und Kundentreue. Sein Geheimnis wurde in der »Frankfurter Allgemeinen Zeitung« wie folgt auf den Punkt gebracht: »Das Preissystem der Schweizerischen Bundesbahnen (SBB) ist von einer genialen Einfachheit, und daher muss man weder am Schalter lange warten noch am allzu komplizierten Ticket-Automaten verzweifeln. Der Schweizer fährt entweder Halbtax, das heißt zum halben Preis, oder er zahlt den vollen Peis. Jeder dritte hat ein Halbtax-Abonnement. Das kostet 150 Franken (99 Euro) jährlich. Für 350 Franken kann man drei Jahre lang zum halben Preis fahren... Frühbucher-Rabatte und andere komplizierte Schnäppchen-Angebote kennt man in der Schweiz nicht... Die SBB wären mit ihrem Preissystem natürlich nie so erfolgreich, wenn nicht auch das Schienennetz und der Betrieb derart vorzüglich wären. Man fährt zwar nicht so schnell und auch nicht so mondän wie im deutschen ICE, aber öfter und pünktlicher. Während in Deutschland nur noch die Intercity-Strecken die Bahn interessieren, ist das Schweizer Netz weiterhin engmaschig, füllen die Nebenbahnen die Züge auf den Hauptlinien.«

Fünftens ist der Erfolg der Schiene in der Schweiz Resultat einer demokratischen Tradition. Als die deutsche Fachleutegruppe »Bürgerbahn statt Börsenbahn« im September 2005 in Bad Herrenalb zusammen mit der Evangelischen Akademie Baden eine Tagung zum Thema Bahn und Börse durchführte, gab es dort auch einen Vortrag eines Vertreters des schweizerischen Verkehrsministeriums. Dieser äußerte sinngemäß, die Verkehrsfachleute in der Schweiz hätten in den 1970er und Anfang der 80er Jahre noch ähnliche Ziele verfolgt, wie sie dann bald darauf in der BRD im Schienenverkehr realisiert worden seien. Das heißt, es gab auch in der Schweiz eine Orientierung auf Hochgeschwindigkeit, auf das Abhängen mittelgroßer und kleinerer Städte, auf die Konzentration auf Metropolen sowie auf einen Geschäftsreiseverkehr usw.

Wie kam es dann zur Entscheidung für die heutige sichtbare, alternative Schienenverkehrspolitik? Der Vertreter des Schweizerischen Verkehrsministeriums verwies auf zehn Referenden, die in Sachen Bahnpolitik in der Schweiz seit Anfang der 1980er Jahre abgehalten worden waren. Immer entschied die Bevölkerung sich für den Erhalt der Bahn in der Fläche, gegen Höchstgeschwindigkeit und für eine bürgernahe Bahn. Oft erfolgte dies gegen die große Mehrheit des Establishments und gegen den so genannten verkehrspolitischen »Sachverstand«.

Das Schweizer Beispiel ist natürlich nicht ohne Fehl. Auch in der Alpenrepublik wächst der gesamte motorisierte Verkehr schneller als der Schienenverkehr, das heißt, die Anteile der Schiene im Verkehrsmarkt sind auch hier rückläufig. Es gibt auch bei

Wolfgang Hesse
Vom Korridor zum integrierten Netz – Für eine Bürgerbahn mit neuem Netz- und Fahrplankonzept

- In der Schweiz sind nahezu alle Verkehrsmittel vertaktet. Das heißt, alle Linien verkehren in festen Zeitabständen, in der Regel heute im ½-Stunden Takt. In Deutschland ist dagegen der Stundentakt die Regel – und viele Linien werden nur im Zwei-Stundentakt oder noch seltener bedient. (Höchst-)Geschwindigkeiten auf wenigen Streckenabschnitten sind relativ wirkungslos, wenn die gewonnene Zeit durch langwieriges Warten beim Umsteigen oder durch große Umwegfahrten (teilweise) wieder verloren geht. Besonders gute Erfahrungen hat man in der Schweiz, in anderen Nachbarländern, aber auch in deutschen Teilnetzen mit dem *Integralen Taktfahrplan (ITF)* gemacht, dessen oberstes Ziel es ist, an möglichst vielen Verknüpfungspunkten (den so genannten *Knoten*) optimale Anschlüsse in allen Richtungen herzustellen.
- Für einen gut funktionierenden ITF braucht man bestimmte Fahrzeiten zwischen den Knoten. Es geht also darum, diese Fahrzeiten durch gezielte Streckenaus- und neubauten zu erreichen. So ist man beim Schweizer Bahnkonzept »Bahn 2000« mit einigen wenigen Hochgeschwindigkeitsstrecken ausgekommen und hat die Mehrzahl der verfügbaren Mittel in den Ausbau der bestehenden Infrastruktur, die Beseitigung von Engpässen und die Ertüchtigung hochfrequentierter Knoten gesteckt. In Deutschland wurde dagegen vorrangig auf den Bau einiger weniger besonders teurer Hochgeschwindigkeitsstrecken gesetzt, gleichzeitig wurde die Netz- und Fahrplanertüchtigung vernachlässigt und das dicht gewebte, kundenfreundliche InterRegio-Netz beseitigt. So sind die Reisezeiten auf vielen Verbindungen heute länger als vor zehn Jahren.

Bei einem Börsengang bzw. dem Verkauf von wesentlichen Teilen der Deutschen Bahn wäre eine Beschleunigung dieser unheilvollen Entwicklung vorprogrammiert. Investoren sind nicht an guten Fahrplänen und zufriedenen Kunden interessiert, sondern an maximalen Gewinnen, die sich nur mit weiter ausgedünnten Netzen und Fahrplänen erreichen ließen.

Prof. Dr. Wolfgang Hesse ist Informatiker. Er lehrt an der Universität Marburg/L. und realisiert Projekte zur Fahrplangestaltung. W. Hesse ist aktiv in der Bahnfachleutegruppe »Bürgerbahn statt Börsenbahn«.

der SBB erste Strukturveränderungen, die Bruchlinien in Richtung Desintegration, Aufspaltung und Privatisierung darstellen. Es gibt eine Politik der Marktöffnung, die diese Tendenzen verstärkt. Ein erheblicher Teil dieser negativen Veränderungen resultiert aus dem Druck, den die EU durch internationale Verträge und Verhandlungen, etwa in Sachen Transit, auf das Nicht-EU-Land Schweiz ausübt.

So hat die EU mit einer erpresserischen Politik erreicht, dass im Transitverkehr die Begrenzung der Lkw auf 28 t Gesamtgewicht aufgehoben wurde und nun 40 t-Lkw mit dazu beitrugen, dass der Straßengüterverkehr massiv ansteigt. Ob dieser nach Fertigstellung der Neuen Alpen-Traversale (NEAT) mit den neuen Tunnels unter dem Gotthardt und dem Lötschberg tatsächlich wieder ganz oder weitgehend auf die Schiene zurückverlagert werden kann, ist völlig offen.

Als sich im Juni 2006 der Verwaltungsrat der SBB für Andreas Meyer als Nachfolger von Benedikt Weibel entschied, tönte es triumphalistisch in deutschen Medien: »Deutsche Bahn stellt neuen SBB-Chef«. Meyer ist seit 1997 für die Deutsche Bahn AG tätig, seit 2005 als Mitglied des Executive Boards der DB AG. Er ist Vorsitzender der Geschäftsleitung der DB Stadtverkehr GmbH (zu der u.a. die S-Bahnen in Berlin und Hamburg gehören).

Trotz all dieser Einschränkungen realisiert die SBB eine Performance, die im Vergleich zur DB AG und wohl zu allen anderen europäischen Bahnen eine andere Qualität darstellt. Vor allem kann man aus diesem Beispiel – ergänzt um die erforderlichen landestypischen Konkretisierungen – die Essentials für ein erfolgreiches, effizientes und kundennahes Eisenbahn-Modell – für einen »Status quo plus« – entwickeln.

- Eine Grundvoraussetzung besteht im öffentlichen Eigentum an der Schieneninfrastruktur und dem Schienenverkehr. Ohne dieses öffentliche Eigentum sind andere Essentials wie eine Flächenbahn nicht zu verwirklichen.
- Zu prüfen ist eine Kombination von zentralen und dezentralen Strukturen des öffentlichen Eigentums, um ein Optimum an Einheitlichkeit und Kundennähe, Effizienz und demokratische Kontrolle zu gewährleisten.
- Priorität hat die Erschließung der Fläche (»Flächenbahn«) vor schnellen Verbindungen zwischen Ballungsgebieten.

- Erforderlich sind bundesweit einheitliche Standards bzgl. Service, Fahrplan und Fahrpreisen (Tarifen) und sozialen Absicherungen (Flächentarif). Möglichst große Teile dieser Standards sollten auch für den übrigen öffentlichen Verkehr und für die übrigen europäischen Bahnen gelten.
- Anzustreben ist ein integrierter Taktverkehr für den gesamten Schienenverkehr, teilweise noch abgestimmt für die Feinverteilung des übrigen öffentlichen Verkehrs.
- Ergänzende private Anbieter sind dort sinnvoll, wo Bahnen in öffentlichem Eigentum diese Aufgaben nicht erfüllen können oder wollen.
- Das Management im Schienenverkehr muss kompetent sein und sich mit dem Schienenverkehr identifizieren.

Vor allem aber müssen die Rahmenbedingungen für eine Politik der Verkehrswende und der »Vorfahrt für die Schiene« vorhanden sein. Diese Rahmenbedingen gibt es heute nirgendwo in Europa. Erste Voraussetzung einer solchen Politik ist die Orientierung auf Verkehrsvermeidung, die Reduktion von »erzwungener Mobilität« und Transportinflation. Damit hängt die Notwendigkeit zusammen, die externen Kosten im Verkehr offen zu bilanzieren und daraus die erforderlichen Schlussfolgerungen zu ziehen. Tatsache ist, dass alle Verkehrsträger ihre Kosten nicht tragen und dass gerade der Straßenverkehr und die Luftfahrt massiv subventioniert werden bzw. die aus diesen Verkehren resultierenden Belastungen auf die Umwelt und spätere Generationen abgewälzt werden. Schließlich heißt das für die Verkehrswegeinvestitionen, dass es in der Summe keinen weiteren Ausbau des Straßennetzes und der Flugverkehrsinfrastruktur geben darf. Die fortgesetzten Parallelinvestitionen in alle Verkehrsträger fördern allgemein die Verkehrsinflation und stärken letzten Endes immer wieder den Straßenverkehr und die Luftfahrt, also diejenigen Verkehrsarten, die für die höchsten Belastungen für Menschen, Umwelt und Klima verantwortlich sind.

***

Die Entscheidung über eine Privatisierung der Bahn in Deutschland wird einen schwerwiegenden Schritt darstellen, der entweder – im Fall der Beibehaltung des Bundeseigentums an der Deutschen Bahn AG – die Zukunftsfähigkeit im Verkehrssektor offen hält oder – im Fall der Umsetzung einer der Privatisierungs-Varianten – diese weitgehend verbaut. Dabei wird die Entscheidung über die Zukunft der Deutschen Bahn AG weitreichende Folgen für ganz Europa haben.

Die Dimensionen, mit denen wir es zu tun haben, sind angesichts des absehbaren Endes des Ölzeitalters und angesichts der realen negativen Veränderungen des Klimas sehr weitreichend. Das folgende Zitat stammt aus einer Zeit, als es diese bedrohlichen Szenarien noch gar nicht gab. Umso ernster sollten wir die damit angesprochenen kulturpolitischen Konsequenzen nehmen:

»Das Reiterstandbild des römischen Kaisers Marc Aurel, das bis 1981 rund 1800 Jahre lang im Herzen Roms gestanden hatte, wird nach den Restaurierungsarbeiten nicht auf seinen Sockel zurückkehren. Das kostbare Original soll in einem Palast wohlbehütet vor den schädlichen Einflüssen aufgestellt werden, während eine Kopie auf den Sockel gestellt und damit der aggressiven römischen Luft ausgesetzt wird. Nach einer Legende geht Rom an dem Tag unter, an dem die Vergoldung der Statue verschwunden ist. Von der Originalvergoldung sind jedoch nur noch kleine Flächen erhalten.«

Quellen und Literaturhinweise

Kapitel 1
Charles Pecquer nach: Ders., Economie Sociale, Paris 1839, S. 337.
Friedrich List äußerte 1832: »Einer der wichtigsten Vorteile eines Systems von Eisenbahnen wird darin bestehen, dass es die stehenden Heere überflüssig machen ... wird. Invasionskriege werden aufhören.« Zitiert bei: Winfried Wolf, Eisenbahn und Autowahn, Hamburg 1992, S. 69.
Zu W.I. Lenins Fahrt mit der Reichsbahn vgl. Fritz Platten, Lenins Reise durch Deutschland im plombierten Wagen, Frankfurt/M. 1985.
Helmut Schmidt-Zitat nach: W. Wolf, Eisenbahn und Autowahn, a.a.O., S. 162.
Beginn der »Return Train«-Serie in: The Economist vom 24.8.1985.
Zitat aus der »Wirtschaftswoche« vom 27.1.1989.
EU-Broschüre: »Stichwort Europa – Die europäische Verkehrspolitik«, hrsg. von der Kommission der EU, Brüssel 1990.
KfZ-Dichte: Verkehr in Zahlen 2005/2006, hrsg. vom DIW und vom Bundesverkehrsministerium, Berlin 2005, S.316.
Entwicklung der EU-Infrastruktur 1980 bis 2004: EU Energy and Transport in Figures, Statistical Yearbook 2005.

Kapitel 2
Zitat zur Bahnreise durch die USA: Alexander Klose, »Verspätung und lauwarmes Bier«, in: Süddeutsche Zeitung vom 16.4.2006.
Schieneninfrastruktur und Schienenverkehr in Europa nach: Energy and Transport in Figures, Statistical Yearbook 2005.
Subventionen für die Schiene in Großbritannien nach: Modern Railways, April 2005.
Existenzielle Krise von GNER nach: Modern Railways, June 2006.
2005 machte GNER einen Gewinn von 33 Millionen Pfund. Im gleichen Jahr musste die Eisenbahngesellschaft 55 Millionen Pfund an die Muttergesellschaft Sea Containers abführen. Das heißt, die Muttergesellschaft entzieht GNER Kapital.
Zitat Simon Jenkins: The Times, Januar 2004, hier in einer erweiterten Fassung wiedergegeben nach: Modern Railways, März 2004.
Eine erste Bilanz der britischen Bahnprivatisierung, die sich weitgehend mit den in diesem Kapitel wiedergegebenen Aussagen deckt, findet sich bei: Oliver Schöller, Zu den Folgen einer neoliberalen Deregulierungsstrategie – Das Beispiel der britischen Eisenbahnprivatisierung, in: Internationales Verkehrswesen (55), 1+2/2003.
Zitate FAZ vom 2.7.2003 und Der Spiegel Nr. 51/2000.
Stellungnahme des Europäischen Eisenbahn-Verbandes – CER vom Mai

2006 für die öffentliche Anhörung des Verkehrsausschusses des Deutschen Bundestags vom 1. Juni 2006, Ausschussdrucksache 16. Wahlperiode Nr. 16/(15)293, S. 29 (= Tabelle) und S. 30 (Zitat).

Weißbuch der EU-Kommission, »Die Europäische Verkehrspolitik bis 2010, Weichenstellungen für die Zukunft«, Brüssel 2001, deutsche Ausgabe, S. 29.

Kapitel 3

Schulden der DB AG: Laut Angaben der DB AG vom April 2006 lagen die »Finanzschulden« des Unternehmens Ende 2005 bei 19,7 Milliarden Euro. Die gesamten Verbindlichkeiten – einschließlich nicht zinspflichtiger Schulden – liegen bei 25 Milliarden.

Zur Kritik der Zahlenakrobatik der DB AG im Nahverkehr vgl. Klaus Gietinger, »Der Markterfolg der Deutschen Bahn AG nach der Bahnreform – Dichtung und Wahrheit«, in: Heiner Monheim/Klaus Nagorni (Hrsg.), Die Zukunft der Bahn. Zwischen Bürgernähe und Börsengang, Herrenalber Protokolle – Ev. Akademie Baden, März 2004, S. 83ff.

Zum Berliner Hauptbahnhof vgl. Winfried Wolf, Kritik des neuen Hauptbahnhofs Berlin, www.bahn-fuer-alle.de

Angaben zur Streckenstilllegung nach: Verkehr in Zahlen 2005/2006, S. 56; Antwort der Bundesregierung auf eine Kleine Anfrage von Bündnis 90/Die Grünen (Bundestagsdrucksache 16/1810).

Die Streckenlänge (Betriebslänge) der Deutschen Bahn AG lag 1993 bei 40.400 km; bis 2005 ist sie auf 34.000 km gesunken. Direkt stillgelegt wurden im Zeitraum 1994 bis Anfang 2006 laut Angaben der Bundesregierung 5.126 km. Zusätzliche 1.863 km wurden im gleichen Zeitraum aus dem Streckennetz der DB AG ausgegliedert; sie gingen in das Eigentum von nicht bundeseigenen Eisenbahnen über, wobei hier offen ist, auf wievielen Kilometern dieser Strecken noch Regelbetrieb mit Eisenbahnen stattfindet.

Zum InterRegio: Karl-Dieter Bodack, InterRegio – Die abenteuerliche Geschichte eines beliebten Zugsystems, Freiburg/Br. 2005.

Das neue Bahnpreissystem PEP wurde bis zu seiner Einführung im Dezember 2002 u.a. von der »Allianz für die Schiene« und von den in diesem Bündnis zusammengeschlossenen Gruppen und Verbänden – so von VCD, pro Bahn und Transnet – explizit verteidigt. Darunter fiel auch die Abschaffung der damaligen BahnCard, heute BahnCard50. In einer Presseerklärung der »Allianz pro Schiene« hieß es: »Die Bahn hat ihre Hausaufgaben gemacht. Jetzt entscheiden die Kunden über den Erfolg.« Ausdrücklich erklärt dieses Bündnis, es sei »falsch, sich zum jetzigen Zeitpunkt auf Details (von PEP) zu stürzen. Das neue Preissystem muss in seiner aufeinander abgestimmten Gesamtheit gesehen werden.« (Allianz-Presseerklärung vom 9. Oktober 2002 /Nr. 17/02). Sogar im Koalitionsvertrag von SPD und Bündnis 90/Die Grünen vom Oktober 2002 wird ausdrücklich hervorgehoben: »Wir setzen auf den Erfolg des neuen Tarifsystems bei der Deutschen Bahn.« Wohlgemerkt: Von der »Allianz« kommen viele gute Beiträge zur Kritik der Auto- und Flugzeug-zentrierten Verkehrspolitik. Vergleichbares gilt für den VCD und den Fahrgastverband pro Bahn. Sobald es jedoch um den *Kern* der Bahnpolitik (PEP oder den Bahnbörsengang) geht, erweisen sich diese bahnfreundlichen Verbände und deren Zusammenschluss »Allianz pro Schiene« als Vorstands-loyal.

BahnCard-Werbung: Ganzseitige Anzeige in allen großen Tageszeitungen, hier nach: Süddeutsche Zeitung vom 14. März 2003. Mehdorn-Zitat zur BahnCard50 nach: Financial Times Deutschland vom 22.5.2003.

Arbeitsplatzabbau bei der Bahn nach: Johannes Hauber, Arbeitsplatzabbau statt Marktoffensive, in: Monheim/Nagorni, Die Zukunft der Bahn, Bad Herrenalb/Karlsruhe 2004, S. 190ff.

Mehdorn zum Personalabbau nach: Die Zeit vom 24.5.2006.

Bundesrechnungshof zum Arbeitsplatzabbau und dem Zukauf von Fremdleistungen: Bericht vom 20.5.1999.

Rede von Heinz Dürr, gehalten am 10. Januar 1994 in Berlin, zitiert in: Die Bahnreform, hrsg. von der Deutschen Bahn AG, Frankfurt/M. 1994, S. 106.

Kapitel 4

Das Zeise-Zitat stammt aus: Die Eisenbahn in Deutschland, hrsg. von Lothar Gall und Manfred Pohl, München 1999, S. 413 (Verfasser dieses Buchabschnitts ist Hans-Peter Schwarz).

Faltblatt der Grünen: »Bahnreform jetzt – aber richtig!« Herausgeber: Die Grünen, Bundesgeschäftsstelle 1993. Hervorhebung von W.W.

VCD-Stellungnahme: VCD aktuell Februar 1993.

Pro Bahn: Stellungnahme vom April 1993.

GdED: Erklärung vom August 1993.

GDBA und GDL-Positionen werden wiedergegeben in: Die Bahnreform, hrsg. von der Deutschen Bahn AG, Frankfurt/M. 1994, S. 37f.

Kapitel 5

Veolia-Anzeige hier nach: Süddeutsche Zeitung vom 22.6.2006.

Booz Allen Hamilton: Gutachten »Privatisierungsvarianten der Deutschen Bahn AG ›mit und ohne Netz‹«, Fassung vom Januar 2006, weitgehend ohne geschwärzte Stellen (Fassung der Bundestagsabgeordneten des Verkehrsausschusses vom 1. März 2006).

Wert der Eisenbahnen, Gutachten Prof. Karl-Dieter Bodack, 1. Anhörung des Verkehrsausschusses des Bundestags zur Bahnprivatisierung vom 10. Mai 2006; auch: Dr. Gert Peters, zusammengefasst in: Stuttgarter Zeitung vom 10.5.2006.

Im Fall eines Verkaufs der DB AG oder von Teilen derselben würden auch Schulden anteilig den neuen Investor belasten. Allerdings ist offen, ob nicht ein Teil der gegenwärtigen Schulden der DB AG erneut dem Bund übertragen und die DB AG damit teilentschuldet würde.

Wert von Schering nach: FTD vom 22.6.2006.

Angaben zum rollenden Material nach: Daten & Fakten 2005, hrsg. von der Deutschen Bahn AG.

Zitat aus PRIMON-Gutachten zur »Gewährleistungspflicht«: PRIMON-Gutachten, a.a.O., S.114f.

Schienennetzentwicklung in Deutschland: Die Netzlänge lag 1845 bei 2.300 km, 1865 bei 14.700 km, 1875 bei 28.000 km, 1885 bei 44.900 km, 1905 bei 56.400 km und 1917 – dem Höhepunkt – bei 65.000 km. Nach: Winfried Wolf, Eisenbahn und Autowahn, a.a.O., S.34.

Buslinienverkehr: Siehe PRIMON-Gutachten S.69. Bereits heute finden sich Angebote im innerdeutschen und europäischen Buslinienverkehr, deren Preise bei einem Drittel der Bahnpreise liegen. Groteskerweise wird für diese Buslinien-Dienste oft auch in Bahnhöfen oder z.B. in der Berliner S-Bahn (die zum DB AG-Konzern zählt) geworben.

Rendite der DB AG/ROCE: Das PRIMON-Gutachten enthält versteckt – als »Exkurs« – auf den Seiten 469f. eine Abhandlung darüber, dass die Bahn im Fall der klassischen Kapitalrendite (Return on Capital Employed – ROCE) eigentlich falsch rechnet: Da die Baukostenzuschüsse und die zinslosen Darlehen des Bundes und die mit ihnen geschaffenen Anlagen (vor allem Neubaustrecken), nicht bilanziert werden, wird der Gewinn bei der ROCE-Formel nicht auf das gesamte angelegte (employed) Kapital bezogen. Würden diese Anlagen mit eingerechnet – und die DB AG erzielt schließlich hohe Einnahmen mit diesen Neubaustrecken –, so wäre die Kapitalrendite derzeit und bis mindestens 2009 negativ. Das PRIMON-Gutachten verwendet hier den Begriff »ROTCE = Return on Total Capital Employed«.

Zitat François Gallois/SNCF: Süddeutsche Zeitung vom 23.3.2001.

IR schreibt »schwarze Null«: Die geringere Rendite beim IR im Vergleich zum ICE ist natürlich dann nicht zutreffend, wenn bei den ICE-Strecken die Neubaustrecken als real angelegtes Kapital erfasst und der oben entwickelte Begriff ROTCE zur Anwendung käme.

Zitate Thilo Sarrazin nach: Vorläufiges Protokoll der Anhörung des Verkehrsausschusses des Bundestages vom 10. Mai 2006. Sarrazins Schlussfolgerung aus einer dort zuvor ausführlich vorgetragenen Berechnung: »Meine Berechnung ergab ..., dass eine notwendige, aber keineswegs ausreichende Bedingung ist, eine derartige Verbesserung (im Gewinn; W.W.) zu erzielen, jetzt noch mal bis zum Jahr 2010 weitere 60.000 Mitarbeiter abzubauen. Ich will mich jetzt nicht darüber streiten, ob es 50.000 oder 65.000 sind. Aus dem Zusammenwirken von Sachaufwand und Personalaufwand ergibt sich eine Zahl in dieser Größenordnung.« (Protokoll S. 20)

Kapitel 6

Eingangszitat von Hans-Peter Schwarz: Die Eisenbahn in Deutschland – Von den Anfängen bis zur Gegenwart, München 1999, S. 411.

Koalition reduziert Privatisierung auf zwei Varianten nach: Süddeutsche Zeitung vom 23. und 24.6.2006.

Eigentumsvariante: Für die zweite Anhörung des Verkehrsausschusses des Bundestags zum Thema »Kapitalprivatisierung der DB AG« war der Autor dieses Büchleins als Sachverständiger geladen. In meiner Stellungnahme ging ich in These 5 »auf Privatisierungsmodelle ein, die in der aktuellen Debatte eine wichtige Rolle spielen« werden. Als zweites nannte ich das »Eigentumsmodell/Grundvariante«, das sich »in der Praxis kaum von der Privatisierung des integrierten Unternehmens« unterscheiden werde. Meines Wissens gab es weder in der ersten noch in der zweiten Anhörung einen anderen Beitrag, der sich mit dieser Variante auseinander setzte.

Zitat Jenkins: Ursprünglich »The Times«, Januar 2004; hier wiedergegeben nach: Modern Railways, March 2004. Das wurde wohlgemerkt gut zwei Jahre nach der Pleite von Railtrack und damit auch zwei Jahre nach der erneuten Verstaatlichung der Schienenverkehrs-Infrastruktur geschrieben. Im Übrigen gibt es heute bereits solche Abstimmungsprobleme bei der DB AG als Folge der inneren Aufsplitterung: So warten Züge von DB Regio oft nicht (mehr) im Fall verspäteter Züge des Fernverkehrs.

Vergleich SNCF/DB AG: Laut PRIMON-Gutachten stieg im Zeitraum 2002 zu 1994 der Anteil der Schiene in Frankreich von 8 auf 8,4 %, wohingegen er in der BRD von 8,3 auf 7,9 % sank (S. 97). Die »durchschnittlichen jährlichen staatlichen Zuwendungen in EUR Cent je Einheitskilometer (Ptkm) im Zeitraum 1995 bis 2003 lagen in Frankreich bei 6,2 Cent, in Deutschland bei 7,0 Cent« (wobei angemerkt wird: »Zahlen für Deutschland ohne Mittel für das BEV und Altschulden«). S. 77.

Eigentums-Modell/Privatisierungserlöse: Laut PRIMON-Gutachten liegen die erwarteten Privatisierungserlöse beim »Eigentumsmodell« zwischen 6,1 und 8,6 Milliarden Euro., Kurzfassung des Gutachtens S. 32.

Zitat Primon-Gutachten zum Eigentumsmodell/Trassengelder: a.a.O., S. 301.

Horst Friedrich nach: Süddeutsche Zeitung vom 24.6.2006.

Kapitel 7

Vaclav Klaus zitiert nach: Frankfurter Allgemeine Zeitung vom 15.3.2005.

EU-Verkehrsentwicklung nach: Energy and Transport in Figures – Statistical Yearbook 2005. Wenn nicht anders angegeben, handelt es sich um Angaben für die »alte« EU (15 Mitgliedsländer, auch »EU-15«).

Flugverkehr innerhalb der EU: Es handelt sich um die statistische Kategorie »Intra-EU plus domestic flights«. Also um den Binnenflugverkehr innerhalb der einzelnen EU-Staaten plus um den innereuropäischen – grenzüberschreitenden – Flugverkehr.

EU-Weißbuch zum Flugverkehr: Weißbuch der Europäischen Kommission, Die europäische Verkehrspolitik bis 2010 – Weichenstellungen für die Zukunft, Brüssel 2001.

Tabelle zum Vergleich EU-15 und USA nach: Energy and Transport 2004, im Personenverkehr Tabelle 3.3.2 (= EU-15) und 3.4.17 (= USA); beim Güterverkehr nach Tabelle 3.2.3 (= EU-15) und 3.4.16 (= USA). Die unterschiedliche Basis beim Flugverkehr – in der EU nur innereuropäischer Flugverkehr und im Fall der USA Flugverkehr innerhalb der USA und internationaler Flugverkehr – ist akzeptabel; ein Vergleich zulässig. Der internationale Flugverkehr fällt im Fall der USA (erstaunlicherweise) kaum ins Gewicht. In den USA wurden im Jahr 2000 insgesamt (Binnen- und internationaler Flugverkehr) 854 Mrd. Personenkilometer zurückgelegt. Davon entfielen auf den internationalen Flugverkehr nur 22 Mrd. Pkm, was 2,6% des gesamten Flugverkehrs ausmacht. Ein Teil davon wiederum war Flugverkehr innerhalb des Nafta-Blocks (mit Kanada und Mexiko).

Einige Aspekte der Transportstrukturen zwischen den USA und der EU sind ohne Zweifel unterschiedlich. So können in der EU-15 alle Mitgliedsländer außer Österreich und Luxemburg über den Intra-EU-15-Seeverkehr erreicht werden. In den USA kann nur ein Bruchteil der Bundesstaaten über Seetransporte erreicht werden. Sieht man von der theoretisch möglichen Passage durch den Panama-Kanal ab, so ist in der Praxis ein Seetransport von der Atlantikküste zur Pazifikküste nicht existent. Die EU-Statistik hat daher inzwischen einen 5-mode-modal-split (Verkehrsmarkt mit fünf statt vier Verkehrsträgern) entwickelt. Als 100% gilt dort die Summe der Transportleistungen von Lkw (Anteil am 5-mode-modal-split = 44,7%), Küstenschifffahrt (40,8%), Schiene (7,7%), Binnenschifffahrt (4,1%) und Pipelines (2,8%). Sinnvollerweise wurde für den Vergleich EU/USA jeweils der 4-mode-modal-split gewählt, bei dem die Küstenschifffahrt außen vor bleibt.

Der bedeutend höhere Anteil der Pipeline-Transporte wiederum ist in erheblichem Maß der Tatsache geschuldet, dass in den USA weiterhin in großem Maßstab Rohöl gefördert wird.

Weißbuch zum Vorbild USA: S. 17.

Zielsetzung Güterverkehr unter Rot-Grün nach: Unterrichtung der Bundesregierung, Verkehrsbericht 2000, Drucksache Nr. 14/4688.

PRIMON-Gutachten zum zukünftigen Güterverkehr auf Schienen: Ebenda, S. 65.

Mittlere Transportweite nach: Verkehr in Zahlen 2005/2006, S. 257.

Industriegleise 1992-2004 nach: Verkehr in Zahlen 2005/2006, S. 65.

US-Railways 2002 bis 2005 nach: Financial Times (London) vom 16.6.2006.

Transportintensität: Berechnet nach Energy and Transport, a.a.O., Ausgabe 2003, Tabelle 3.1.12.

Getrennte Netze: Weißbuch, a.a.O., S. 36.

Kapitel 8
Focus zur Bahnreform: Heft 43/1993.
Mehdorn/Hbf Berlin: Ileana Grabitz, Mehdorns Monument, in: Welt am Sonntag vom 21.5.2006.
Zusammensetzung der größten Konzerne: Vgl. Winfried Wolf, Fusionsfieber – Das große Fressen, Köln 2000, S. 55ff.
Snell-Report: Bradford C. Snell, The American Ground Transport. A Proposal for Restructuring the Automobile, Truck, Bus and Rail Industries, vorgelegt dem Subcommittee on Antitrust and Monopoly of the Committee on the Judiciary United States Senate, 26th February 1974. Zusammengefasst wiedergegeben in: Winfried Wolf, Eisenbahn und Autowahn, Hamburg 1992, S. 128, und ders., Berlin – Weltstadt ohne Auto? Eine Verkehrsgeschichte 1848-2015, Köln 1994, S. 267.
ERT nach: ERT Highlights 2004, S. 24f. Dort heißt es bei einem Abgleich zwischen dem ERT-Text »Missing Links« und den TEN-Projekten der EU-Kommission: »Alle diese (vom ERT vorgeschlagenen; W.W.) Projekte haben in den darauf folgenden zwei Jahrzehnten, wenn auch gelegentlich in modifizierter Form, konkrete Gestalt angenommen, nachdem sie 1994 im Europäischen Rat die formelle Unterstützung erhielten.«
Mehdorn/Air Berlin: Anlässlich der Ankündigung des Air Berlin-Börsengangs hieß es in Zeitungsberichten: »Die Liste der angefragten Aufsichtsräte von Air Berlin ist ebenso hochkarätig wie pikant: Zu den so genannten Non-Executive-Directors soll auch Bahn-Chef Hartmut Mehdorn gehören.« (Potsdamer Neueste Nachrichten vom 22.4.2006). Zwei Wochen später konnte man dann lesen: »Mehdorn sagte auf einer Bahn-Veranstaltung, als ›gelernter Luftfahrtingenieur‹ verstehe er zwar etwas von der Branche. Außerdem sei er mit Air Berlin-Chef Joachim Hunold gut bekannt. Er wolle aber angesichts des bevorstehenden Börsengangs seines eigenen Unternehmens ›mit voller Kraft‹ für die Bahn arbeiten.« Nach: Frankfurter Allgemeine Zeitung vom 5.5.2006.
Angaben zu Vogel nach: Welt am Sonntag vom 11.3.2001.
Angaben zu Frenzel nach: Financial Times Deutschland vom 26.4.2002 und Welt am Sonntag vom 10.3.2002. Ergänzend zu den Billigfliegern HLX und HLF nach Wirtschaftswoche vom 4.7.2002 und Süddeutsche Zeitung vom 24.11.2004. Ab 1. Januar 2005 bot HLF alle innereuropäischen Flugziele zu Kampfpreisen ab 29 Euro an.
Vertrag Tui – DB AG nach: Süddeutsche Zeitung vom 16.12.2005.
DB Cargo resp. Railion: Das Lkw-Speditionsunternehmen Schenker befand sich bis Anfang der 1990er Jahre im Besitz der Bundesbahn. Es wurde dann an den Stinnes-Konzern verkauft. Im Jahr 2000 übernahm die DB AG Stinnes-Schenker. Gleichzeitig wurde das Projekt »Mora C« verkündet, das den bereits in Kapitel 7 beschriebenen umfassenden Rückzug der Güterbahn in der Fläche mit sich brachte. U.a.

nach: Verkehrsrundschau 37/2000.

Der Mann, der bis 2004 die DB Cargo, dann Railion, also die DB-Tochter für den Schienengüterverkehr, leitete, war Bernd Malmström. Dieser war zuvor Chef von Schenker, als das Unternehmen noch selbständig und Teil von Stinnes war.

Mit dem Ende 2005 getätigten Zukauf des US-Logistikers Bax wurde bei der DB AG die Orientierung auf den Straßenverkehr nochmals verstärkt.

Air France-KLM nach: Frankfurter Allgemeine Zeitung vom 28.3.2006.

Lauda/ÖBB nach: Penthouse, März 2006.

Penn Central-Pleite nach: Robert Fitch, The Love Machine: Sex and Scandal in the Penn Central, in: Ramparts, Berkeley (California, March 1972); zusammenfassend zitiert bei: Winfried Wolf, Eisenbahn und Autowahn, a.a.O., S. 87f.

Kapitel 9

Interview mit Benedikt Weibel nach: VCÖ-Magazin, Wien, 01/2005.

Kanzlei Waldeck nach: Börsenzeitung vom 21.7.2004. Laut Presseinformation vom 6.10.2005 beriet Waldeck Rechtsanwälte die Corpus Immobiliengruppe bei der Übernahme der GHG Wohnen GmbH in Berlin, einer Tochter der Berliner Verkehrsbetriebe. Ein Jahr zuvor beriet die Kanzlei Waldeck Rechtsanwälte das Hessische Ministerium für Finanzen beim Verkauf des Frankfurter Behördenzentrums in der Gutleutstraße. Die Kanzlei war auch beteiligt an den Privatisierungen von Autobahn Tank & Rast und der Bundesdruckerei. Der »Platow-Brief« schrieb über die enge Beziehung der Kanzlei mit dem Bundesfinanzministerium: »Waldeck ... startete als Referent im Bundesfinanzministerium. Schon hier knüpfte er ein engmaschiges Netz zwischen Wirtschaft und öffentlicher Hand... diese Kenntnisse und vor allem das Beziehungsgeflecht konnte er bei seiner späteren Anwaltstätigkeit einbringen und will es unter dem Markenzeichen Waldeck Rechtsanwälte jetzt (2004) auf eigene Rechnung vermarkten.« Der Platow-Brief vom 9.7.2004.

Aufsichtsratsvergütung DB AG nach: Der Spiegel 13/2006; junge Welt vom 27.3.2006.

Angaben zur SBB: Litra 2005; Walter Moser, Die Bahnstrategie der Schweiz und der SBB, in: Heiner Monheim und Klaus Nagorni (Hrsg.), Die Zukunft der Bahn. Zwischen Bürgernähe und Börsengang, Karlsruhe 2004, S.70ff. Das Gutachten von Booz Allen Hamilton ignoriert das Beispiel SBB weitgehend. Dennoch finden sich in der Studie verstreut Fakten, die die Erfolgsbilanz der SBB gerade im Vergleich zur DB AG eindrucksvoll belegen. So auf Seite 77 in »Abbildung 10: durchschnittliche jährliche staatliche Zuwendungen in EUR Cent je Einheitskilometer Ptkm) der Eisenbahnen 1995 bis 2003. Danach wurden in der Schweiz in diesem großen Zeitraum, der weitgehend die deutsche Bahnreform

abdeckt, je Einheitskilometer 2,4 EUR Cent bezahlt. In Großbritannien waren es 5,3 Cent, in Frankreich 6,2 und in Österreich 6,6. In Deutschland 7,0 Cent. In Dänemark (8,7 Cent), Niederlande (9,2 Cent) und Italien (9,4 Cent) lagen die staatlichen Zuwendungen höher als in Deutschland. Dabei wurde der Betrag für Deutschland »ohne Mittel für das BEV (Bundeseisenbahnvermögen) und Altschulden« berechnet.
Pünktlichkeit der SBB nach: Via 2/2004 (hrsg. von der SBB).
SBB-Tarifsystem nach: Frankfurter Allgemeine Zeitung vom 2.7.2003.
Meyer neuer SBB-Chef nach: Financial Times Deutschland vom 26.6.2006.
Marc Aurel in Rom: Frankfurter Allgemeine Zeitung vom 21.1.1990.

... und eine Anerkennung von Bahnchef persönlich:

Attac will

Es ist genug für alle da – wenn gerecht verteilt wird. Die Finanzmärkte brauchen demokratische Kontrolle. Hohe Sozial- und Umweltstandards müssen globalisiert werden. So genannte Entwicklungsländer müssen aus der Schuldenfalle befreit, ihr Mitspracherecht in den internationalen Institutionen gestärkt werden. People over Profit – die Interessen der Menschen dürfen nicht den Interessen der Konzerne untergeordnet werden.

Attacies

Attac hat in Deutschland inzwischen 17.000 Mitglieder – und täglich werden es mehr. In über 200 Gruppen, verteilt über die Republik, sind Attacies vor Ort aktiv. Weltweit mischen 100.000 Menschen in 50 Ländern bei Attac mit und sich ein – gegen die Ungerechtigkeiten der neoliberalen Globalisierung.

Attac, Münchener Str. 48, 60329 Frankfurt/M.
Tel.: 069-900 281-10, Fax -99, www.attac.de

Attac braucht Unterstützung. Eine Mitgliedschaft, Beteiligung an unseren Akionen, Engagement in einer Attac-Gruppe oder eine Spende – all das stärkt Attac den Rücken.
Und nur eine starke Bewegung bewegt.

Spendenkonto: Share e.V./Attac,
Kto.-Nr. 800 100 800,
GLS Gemeinschaftsbank,
BLZ 430 609 67

❏ Ich möchte mehr Informationen über Attac.
❏ Ich möchte in den E-Mail-Verteiler von Attac aufgenommen werden.

Name:_____
Tel.:_____
Str./Nr.:_____
PLZ/Ort:_____
E-Mail:_____

VSA: Alternativen mit Attac

AttacBasisText 23
96 Seiten; € 6.50
ISBN 3-89965-199-5
Anhand von Beispielen erfolgreicher Kampagnen gegen Großkonzerne ermuntert dieses Buch, aktiv zu werden.

Pedram Shahyar/Peter Wahl
Bewegung in der Bewegung?
Erfahrungen und Perspektiven der GlobalisierungskritikerInnen
AttacBasisTexte 18
96 Seiten; € 6.50
ISBN 3-89965-140-5

Prospekt anfordern!

VSA-Verlag
St. Georgs Kirchhof 6
20099 Hamburg
Tel. 040/28 05 05 67
Fax 040/28 05 05 68
mail: info@vsa-verlag.de

AttacBasisTexte 21
96 Seiten; € 6.50
ISBN 3-89965-180-4
In diesem Basistext geht es um die Funktionsweise und Wirkung der G8, ihre Geschichte, Zukunftsperspektiven und Alternativen.

Werner Rätz/Dagmar Paternoga/ Werner Steinbach
Grundeinkommen: bedingungslos
AttacBasisTexte 17
96 Seiten; € 6.50
ISBN 3-89965-141-3

Elmar Altvater (Hrsg.)
Solidarische Ökonomie
Reader des Wissenschaftlichen Beirats von Attac
160 Seiten; € 14.80
ISBN 3-89965-170-7

www.vsa-verlag.de